《汉文化研究丛书》编辑委员会

主　任　黄荣杰　王利亚
副主任　卢志文　刘明阁
委　员　李文安　邵书峰　谢冰松　曹天杰　阚云超　马良泉
　　　　　孟静雅　刘太祥　张保同　苏新留　何　军　徐永斌
　　　　　刘剑利
主　编　郑先兴

汉文化研究丛书

ZHANGZHONGJING ZHONGYIYAO WENHUA YANJIU
张仲景中医药文化研究

刘太祥 著

河南大学出版社
中国·郑州

图书在版编目(CIP)数据

张仲景中医药文化研究/刘太祥著.－2版.－郑州:河南大学出版社,2016.12

(汉文化研究丛书)

ISBN 978-7-5649-2644-1

Ⅰ.①张… Ⅱ.①刘… Ⅲ.①张仲景－医学思想－研究 Ⅳ.①R2-092

中国版本图书馆 CIP 数据核字(2016)第 320543 号

责任编辑　靳宇峰
责任校对　田肖红
封面设计　马　龙

出　版	河南大学出版社
	地址:郑州市郑东新区商务外环中华大厦 2401 号　邮编:450046
	电话:0371－86059701(营销部)　网址:www.hupress.com
排　版	郑州市今日文教印制有限公司
印　刷	开封智圣印务有限公司
版　次	2016 年 12 月第 2 版　印　次　2016 年 12 月第 2 次印刷
开　本	690mm×960mm　1/16　印　张　14
字　数	222 千字　定　价　35.00 元

(本书如有印装质量问题,请与河南大学出版社营销部联系调换)

目 录

序 一 ·· 朱绍侯（ 1 ）
序 二 ·· 郑先兴（ 1 ）
一、一代医宗　万世敬仰（绪论）································（ 1 ）
　（一）张仲景中医药文化的形成条件··························（ 2 ）
　（二）张仲景对中医药文化的伟大贡献······················（ 18 ）
　（三）张仲景的著述及其流传··································（ 24 ）
　（四）张仲景中医药文化的影响和评价······················（ 26 ）
二、勤求古训　博采众方··（ 29 ）
　（一）拜师学医　博采众方·····································（ 32 ）
　（二）精研经典　勤求古训·····································（ 40 ）
三、"四诊合参"　诊病求源··（ 73 ）
　（一）望诊法··（ 77 ）
　（二）闻诊法··（ 82 ）
　（三）问诊法··（ 83 ）
　（四）脉诊法（切诊法）···（ 83 ）
　（五）四诊合参··（ 90 ）
　（六）鉴别诊断法···（ 90 ）
四、创立六经辨证　明析阴阳八纲································（ 97 ）
　（一）六经本证辨证··（ 98 ）
　（二）六经兼证辨证··（101）

（三）六经类似证辨证 …………………………………（103）
　　（四）八纲辨证 …………………………………………（104）
　　（五）脏腑经络辨证 ……………………………………（106）
　　（六）辨证技巧 …………………………………………（107）
五、八法并用　内外兼攻 …………………………………（111）
　　（一）治疗原则 …………………………………………（114）
　　（二）治疗方法 …………………………………………（123）
　　（三）针灸疗法 …………………………………………（133）
　　（四）"治未病"思想 ……………………………………（138）
六、组方用药精当　方书鼻祖名扬 ………………………（142）
　　（一）医方来源 …………………………………………（143）
　　（二）方剂及适应症 ……………………………………（144）
　　（三）方药特色 …………………………………………（157）
　　（四）组方规律 …………………………………………（159）
　　（五）药物配伍 …………………………………………（162）
　　（六）用方原则 …………………………………………（166）
　　（七）药物炮制方法 ……………………………………（168）
　　（八）煎药方法 …………………………………………（170）
　　（九）煎药溶媒 …………………………………………（172）
　　（十）给药方法 …………………………………………（175）
　　（十一）服药方法 ………………………………………（176）
　　（十二）药剂类型与制作 ………………………………（180）
　　（十三）动物药应用 ……………………………………（182）
七、辨证施护　医护合一 …………………………………（184）
　　（一）观察护理 …………………………………………（184）
　　（二）服药护理 …………………………………………（186）
　　（三）药后护理 …………………………………………（187）
　　（四）饮食护理 …………………………………………（190）
八、首治精神疾患　新创时间医学 ………………………（192）
　　（一）精神病学 …………………………………………（192）
　　（二）时间医学 …………………………………………（196）
九、悬壶济世　医德高尚 …………………………………（201）

（一）尊生贵人 …………………………………………（201）
（二）救人济世 …………………………………………（201）
（三）不务名利 …………………………………………（202）
（四）尊重同道 …………………………………………（202）
（五）最大善果 …………………………………………（203）
（六）整体优化 …………………………………………（203）
（七）公开医方 …………………………………………（204）
参考文献 ………………………………………………（205）
后　记 …………………………………………………（207）

序 一

朱绍侯

南阳师范学院汉文化研究中心要推出一套"汉文化研究丛书",郑先兴同志请我作序,我非常高兴。因为,作为专门从事秦汉史研究的学者,最高兴的就是看到新人新著的涌现;而且,这一套丛书的作者,大多是我的学生,或者是多年来一直跟随我学习研究秦汉史的教师;更何况,这套丛书的三审都是由我来进行的。我想谈以下三个问题。

第一,关于汉文化研究的学科性质。

如果把汉文化研究作为学科来看,大概有两个层面的含义。从一个层面来说,汉文化研究属于断代史,即属于汉史的研究范畴。汉代是中国统一集权制国家形成后,出现的第一个文化高峰。汉代人所创造的政治、经济、军事、教育、科学等方面的成就,可谓博大精深,永远是中国历史、中国文化史研究中的重点问题。但汉文化研究也有地域广狭的区分,有南阳汉文化、河南汉文化、中国汉文化,当然也由江苏汉文化、四川汉文化等等。本书的重点是研究南阳汉文化、河南汉文化。从另一个层面说,汉文化又属于专门史的性质,如汉人、汉族、汉语、汉字、汉经济、汉政治等都有极其重要的研究价值。无论是作为断代史、专门史或地域史来研究,汉文化都具有永久定性的特点和永远传承的特点,都是永远不变的定性文化,也是被中国与世界华人、华裔和国际学术界永远关注的问题。

第二,南阳汉文化研究的优势。

南阳学者所进行的汉文化研究,可谓是占尽了天时、地利、人和。所谓天时,有两个重要的含义。一是在"文化大革命"之后,在学术界普遍兴起了历史文化的研究热潮。如中华文化、长江文化、黄河文化、姓氏文化以及各地区的区域文化和各种专题文化等等,不论是什么文化,汉文化都必然是它研究的主要内容之一。二是在进入新世纪之后,党和政府日益重视传统文化在现代化中的作用,提倡人文社科的研究,希望从传统中吸取优秀的文化精神。河南省教育厅为推进这一方针的实施,在全省高校先后建立"河南省人文社会科学重点研究基地"。南阳师范学院汉文化研究中心就是在这样的环境中建立起来的。中心的建立,凝聚了研究方向,整合了全校的研究力量,为全面扎实地研究提供了组织和财力的保证。所谓"地利",就是南阳是汉代经济、文化最发达的区域,特别是在东汉,南阳是开国皇帝刘秀的故乡,向有"帝乡""南都"之美称,皇亲国戚不可胜数,名人辈出,文物古迹遍布城乡,汉冶铁遗址就有6处,汉画像石、画像砖无论从数量、质量来看,都居全国之最。由此,南阳的汉文化研究资源异常丰富。所谓"人和",是说这里的文化研究人气很浓。经过长期的积累和传承,南阳师范学院已经拥有着一批在学术界颇具影响的汉文化研究者,而且学校的历届领导班子都把汉文化研究作为学科建设的重点来扶持;通过《南都学坛》"汉代文化研究"专栏,与全国的汉文化研究者经常保持着十分密切的学缘关系,使得全国著名的秦汉史学者都非常关注汉文化研究中心的发展;通过秦汉史和汉画研讨会,增进了学术交流,提升了南阳师范学院的学术地位和影响。

第三,汉文化研究的意义。

汉文化研究所拥有的巨大的学术和文化建设的意义,自是非常繁富。这里我只谈三点。

从历史发展来说。如前所述,汉代是中国统一中央集权制国家形成后所出现的第一个文化高峰。依照德国著名的历史哲学家雅斯贝尔斯的轴心期理论,汉代应属于后轴心时代,即相对于春秋战国的文化经典诞生的轴心时代,汉代则是将之前的文化经典加以实践并予以整理传承,使之得以定型流传。因此,要充分了解中国文化,汉文化可以说是最基本的切入点。最近,年轻的秦汉史研究学者彭卫先生又提出,中国历史研究的"根节"在于"文明的起源、王制向帝制的转变和近代化","而王制向帝制的转变正是挑起历史两头的那根扁担"。可以说,这一说法非常形象地说明了汉文化研究的重要性。在我看来,王制向帝制转变的关键就是秦汉之际所推行的军功爵制,它用功绩的大小重组社会关系,改变了原来的只以血缘纽带建构社会关系的现象,从而推进了社会由王制向帝制的转变。这用唯物史观来表述,就是阶级的变化推进了社会制度的变革。因此,无论是从学术史或者政治制度史的角度,汉文化研究都是了解中国历史的必不可少的环节。

从地域文化观念来说。回顾5000年的中国文明辉煌史,其中近4000年都有河南的主体参与,只是在南宋之后的近1000年以来,河南才逐渐被边缘化。检讨边缘化的原因,查漏补缺,固然是很有必要的。但检讨文明辉煌的因子,将其发扬光大,更是再造辉煌的乐观途径。中原文化作为中国传统文化的主体,其辉煌的因子非常之多。但就其整体性和完整性而言,汉文化则更具有吸收和汲取的价值。因为第一,汉文化是中原文化中比较重要的一个阶段。汉代是继承夏、商、周、秦之后的又一个统一时期,是汉民族形成的最为关键的时期。她所形成的政治体制、思想精神和文化传统,相沿成习,至今不变。第二,汉文化是中原文化中比较重要的一个环节。中原文化对中国文化的贡献主要体现在河南省许多地方,都有自己的特色文化,如周口的伏羲文化、新郑的炎黄故里、洛阳的河洛文化、安阳的殷墟文化、开封的宋都文化等等,而南阳则因汉光武发祥于此,即以"帝乡""帝都"等名义而著称于世;同时又因东汉建都于洛阳,与中原文化的关系更为密切。第三,汉文化在中原文化中占有重要的地位。汉文化的开辟疆土、驰骋沙场的开拓情怀、包容一切的恢弘气势、研习经传的探索精神以及献身国家匹夫有责的爱国思想等等,都构成了中原文化的丰富内涵。由此,全面深入细致地研究汉文化,是实现思想解放、发展跨越和当今中原文化崛起的基本途径。

从大学办学特色来说。大学教育的目的就是传承文明、修性养德和培育科学探索的精神和理念,然而具体到如何办好一所大学,中外教育家的共识就是特色办学。所谓特色办学就是在学科建设上能够有自己独到之处。而我们知道,构成特色学科的因素主要是研究的对象、研究的理念和研究的方法。一般来说,研究理念和方法固然非常重要,但它毕竟要受到研究对象的制约。可以说,只有研究对象是经常主导学科特色从而决定学校的地位的。就此而言,南阳师范学院以其地域文化优势,选择汉文化研究作为自己的特色学科来加以建设,而且屡经几代领导坚持不改,终于形成了涵盖全校诸如历史、中文、美术、音乐、体育、政治、经济等文科教师在内的强大的研究队伍,并在全国秦汉史学界和汉画学界占有重要的席位,成为一支不可忽视的力量。这种以学科优势所造就的办学特色,其他一些高校是难以企及的。

综上所述,可以想见,"汉文化研究丛书"的问世,其学术价值和实际功用以及所展示的南阳师范学院的科研实力和办学特色,将是多么有意义的事情。让我们表示衷心的祝贺吧。

是为序。

2008 年 8 月 26 日

序 二

郑先兴

　　河南省普通高校人文社会科学重点研究基地南阳师范学院汉文化研究中心于2005年8月得到河南省教育厅的正式下文成立,到今天已经整整十个年头了。十年来,中心同仁坚持学术至上的信念,潜心研究,以"汉文化研究丛书"为标志性的成果,先后推出了十三部专著。为纪念中心的十年庆典,河南大学出版社准备将其修订后整体推出。作为中心的负责人,丛书的策划者,其内心的喜悦和兴奋,可以说是无以言表的。考虑到该套丛书的专业研究性质,其学术价值自有业内学者评判,而其文化建设功用则可通过社会实践予以验证,在这里,我只想从学术管理方面谈几点意见,谨向丛书的出版表示诚挚的祝贺!

　　丛书的出版问世,可以说是党中央弘扬优秀传统文化、提高国家文化软实力发展战略的贯彻和落实。全面挖掘民族传统文化的精华,总结中华民族的文明发展经验,可以说是中国共产党人一直的追求和努力。毛泽东曾经指出:"从孔夫子到孙中山,我们应当给以总结。承继这一份珍贵的遗产。"新近以来,中共中央总书记习近平同志两次谈到总结历史文化遗产的重要性。

　　在第十八届中央政治局的第12次集体学习会议上,习近平总书记指出:

"提高国家文化软实力,要努力展示中华文化独特魅力。在5000多年文明发展进程中,中华民族创造了博大精深的灿烂文化,要使中华民族最基本的文化基因与当代文化相适应、与现代社会相协调,以人们喜闻乐见、具有广泛参与性的方式推广开来,把跨越时空、超越国度、富有永恒魅力、具有当代价值的文化精神弘扬起来,把继承传统优秀文化又弘扬时代精神、立足本国又面向世界的当代中国文化创新成果传播出去。要系统梳理传统文化资源,让收藏在禁宫里的文物、陈列在广阔大地上的遗产、书写在古籍里的文字都活起来。要以理服人,以文服人,以德服人,提高对外文化交流水平,完善人文交流机制,创新人文交流方式,综合运用大众传播、群体传播、人际传播等多种方式展示中华文化魅力。"

在第十八届中央政治局的第13次集体学习会议上,习近平总书记再次指出:

"要讲清楚中华优秀传统文化的历史渊源、发展脉络、基本走向,讲清楚中华文化的独特创造、价值理念、鲜明特色,增强文化自信和价值观自信。要认真汲取中华优秀传统文化的思想精华和道德精髓,大力弘扬以爱国主义为核心的民族精神和以改革创新为核心的时代精神,深入挖掘和阐发中华优秀传统文化讲仁爱、重民本、守诚信、崇正义、尚和合、求大同的时代价值,使中华优秀传统文化成为涵养社会主义核心价值观的重要源泉。要处理好继承和创造性发展的关系,重点做好创造性转化和创新性发展。"

在这里,"要努力展示中华文化独特魅力","要讲清楚中华优秀传统文化的历史渊源、发展脉络、基本走向,讲清楚中华文化的独特创造、价值理念、鲜明特色",必须深入探究中国历史,尤其是中国历史上的秦汉时期。因为秦汉时期是中华文明的后轴心时期,它不仅承继、凝聚了远古以来中华文明的精华,而且也开启了之后中华文明的发展道路。据此,汉文化研究中心依托南阳区域文化和汉画像的历史资源,广纳贤才,凝神聚力,全面展开汉文化的研究,不断推出研究性的成果,为中华文化魅力的展现和优秀文化传统渊源的揭示,仅露尖尖一角,略展学术之风采。

丛书的出版问世,可以说是打造特色学术平台的必然结果。高校的存在和发展,除了狠抓学科建设、人才培养以及日常的教学、科研管理与机制之外,别无他途。为此,校党委和行政制定了"质量提升,内涵带动"的发展战略,并根据所在地域的文化特点与经济社会建设的需要,设置相应的科研与教学平台。一方面促进科学研究与课堂教学紧密结合,另一方面也促进高校的教学科研与本地社会经济文化建设紧密结合。南阳的地域文化优势在于汉代历史文化,东汉光武帝刘秀生长、起事于南阳,其军功大臣二十八宿也大多出生在南阳;即使此前西汉刘邦政权的建立,也得益于南阳地方豪绅的鼎力支持,才有了可靠的根据地而取得政权;汉代南阳的冶铁、水利、中医药与天文地理等科学技术跻身于世界文化最先进的水平;还有现在依然大量存在的汉画像,作为中国美术史上瑰丽的宝藏,珍藏着汉代民众真实而又平凡的社会生活和精神风貌。为充分挖掘南阳文化的精髓,实验、训练并提升教师的科研能力,打造学术品牌,我们凝聚全校文科的学术研究方向,以汉画像为主题,成立了汉文化研究中心。中心的成立,既为教师的学术研究指明了方向,也得到了省教育厅的大力支持,成为河南省人文社会科学重点研究基地。几年来,中心在项目申报、论文论著的撰写与发表、重点学科建设等等方面,都取得了卓越的成绩;尤其是在学术交流和为社会经济文化建设服务方面,中心成功承办了大型的国际学术会议,如"中国汉画学会第十届年会暨学术研讨会(2006)"、"东汉史研究国际论坛(2009)"、"中国秦汉史研究会第十三届年会暨国际学术研讨会(2011)"等。这些会议的成功举办,不仅加强了我校与学术界的交流,提升了我校的知名度,更重要的是展示了我校教师的研究实力和学术风貌。中心研究人员积极参加了南阳卧龙岗文化产业聚集区建设、南阳相关的企事业文化建设、南阳农运会端午节龙舟竞赛高峰论坛、南阳刘秀研究会以及诸葛亮躬耕地问题讨论,等等,这些活动,既促进了教学与科研的紧密结合,又为教学和研究提供了更广阔的视野。总之,我校的汉文化研究中心已经成为秦汉史学界、汉画学界国内外知名的学术研究重镇,成为南阳社会经济文化建设领域内有关汉代历史文化方面不可忽视的咨询机构。本次出版的十三种汉文化研究专著,就是这个学术研究平台十年研究计划的重要的学术成果之一。当然,我们期望着更高层次的研究成果的继续涌现。

丛书的出版问世和项目的完成,也是汉文化研究中心的研究人员的长期辛勤、扎实治学的结晶。孔子说:"人能弘道,非道弘人。"再好的理念和政策,再好的平台和基地,如果没有人们踏踏实实地践行,予以付诸实践,是很难切实收到实效,取得成绩的。令人骄傲的是,我们南阳师范学院的广大教职员工,确实有一批求真务实的人。在这样一个比较浮躁的年代,他们能够沉下气来,专心地教书育人,精心地做学术研究,实属难能可贵,非常令人敬佩。以汉文化研究为例,从上个世纪改革开放以来,就已经形成了一支专业的研究队伍。他们身处教学和科研一线,在完成自己的教学任务的同时,选择南阳的区域文化尤其是秦汉史和汉画像作为自己的研究对象,互相切磋,互相鼓励,在研究课题、撰写论文和申报项目方面,互相支持,在秦汉史学界和汉画像学界已经形成了自己的学科特色和学术优势。汉文化研究中心成立之后,又以中心为平台,制定了编著"汉文化研究丛书"的十年计划,试图打造自己的学术优势,占据汉画像研究和秦汉史尤其是东汉史学研究的制高点。从已经出版的论著的影响看,其原始的意愿已经基本实现了。可以说,前期的成果为后来的研究提供了基础和方向,但自然地也增加了难度。如何超越自己,如何将汉文化研究提升到更高的层次?我想,这是汉文化研究中心的同志们可能要花费很长时间予以思考和践行的问题。至于能否实现超越,就需要学术界的专家同仁予以引领和雅正了。

本丛书的十三种专著中,可以分为两个系列。

一是汉文化研究系列,共八本,主要探究秦汉时期社会历史的发展及其本质特征。郑先兴教授完成了《汉代思想史专题论稿》与《汉代史学思想史》,前者是其阅读汉代元典的心得,以礼治思想、经济思想、王充思想以及其他思想(包括谶纬、汉文化精神、荀悦政治思想)等四个专题,揭示并阐述了汉代的政治思想、经济思想与社会思想;后者则是其长期的历史教学与研究成果的积淀和积累,是对汉代优秀的学术思想文化遗产的发掘和梳理。刘太祥编审完成的《张仲景中医药文化研究》与《汉代政治文明》,前者是其对医圣张仲景在中医药药理、诊治、用方、医德等方面贡献的挖掘和阐释;后者则是其对汉代政治文明的成就比如治国理念、方略、机制的梳理和阐述,寻绎汉代政治文化中的进步和积极因素。冯建志教授等人完成的《汉代音乐文化研究》,主要描述了汉代音乐的内容、类型、发展及其美学思想。曾祥旭教授完成了《西汉后期的文学和儒学》,是其博士论文《论西汉前期的文学和儒学》的延续,阐述了西汉后期文学的发展及其与儒学的关系。杨运秀教授完成了《南阳汉画像与汉代经济研究》，以南阳区域为研究对象，分为两个部分，第一部分是以南阳汉画像为主题，从经济学的角度阐释了汉画像中的经济因素；第二部分是以汉代南阳区域经济为主题，叙述了南阳的农业、水利、手工业、货币、商业等经济状况。高二旺博士完成的《两汉魏晋南北朝人质现象研究》，是以其学位论文修订增补的，以古代人质现象为话题揭示汉代到南北朝时期所普遍存在的人伦和法制真相。

二是汉画像系列，共五种，主要是挖掘和阐释汉画像的内容及其社会意象。其中郑先兴教授完成了《汉画像的社会学研究》和《民间信仰与汉代生肖图像研究》，前者是以远古婚姻进程为线索，透视汉画像中神树、螺女、弓弩、伏羲女娲、西王母、傩等画面的社会历史内涵，后者则是以生肖为线索，阐释汉画像中生肖图像的社会历史意蕴。牛天伟、金爱秀二位完成的《汉代神灵图像考述》，则是从考古学、民俗学的角度，对汉画像中的伏羲女娲、西王母、气象天文、镇宅守墓、祥禽瑞兽以及传说的蚩尤、桑蚕农神等图像予以了阐释。季伟教授完成的《汉代乐舞百戏考述》，是以乐舞百戏为话题揭示汉画像中大量存在的乐舞图像的社会历史内涵，挖掘古代历史中优秀的乐舞文化遗产。徐永斌教授等人完成的《南阳汉画装饰艺术》，描述了南阳汉画像装饰艺术的题材内容、构成风格、技法类型、审美特征，及其在中国传统装饰艺术上的价值等。

毋庸讳言，"汉文化研究丛书"虽然推出了十三种，但与原本的初衷和社会的要求还是有距离的。希望汉文化研究中心的同志们更加努力，拿出更多的成果，拿出更丰富更深刻更具有影响力的汉文化研究论著。

让我们期待着吧！

2015 年 5 月

一、一代医宗　万世敬仰

（绪论）

　　张仲景是我国古代伟大的医学家,以撰著《伤寒杂病论》(包括《伤寒论》与《金匮要略》两部分)而声震中外,被后世医家尊为医中之圣。明代著名医学家李濂在其著作《医史》中的《张仲景传》写道,仲景实为千古医方之祖,"自汉魏迄于今,海内学者,家肄户习,诵读不暇,如士子之于六经然,论者推为医中之亚圣"[①]。日本学者的《医籍考》引《医林列传》说,张仲景"其书为诸方之祖,时人以为扁鹊仓公无以加之,故后世称为医圣"[②]。1993年国际著名的英国维尔康医史研究所推举世界医学伟人291位,张仲景名列第3位,居中国医学史第一位。

　　《伤寒杂病论》是中医四大经典著作之一,首创中医辨证论治体系,奠定了中医临床诊疗医学的基础,是"医门之圣经",被后世称为方剂学鼻祖、中医圣方。《伤寒杂病论》自诞生之日起,就备受中医界的关注,历代注释、研究、整理、发挥的医家达1000余家,并形成了伤寒学派和经方派。1981年12月5日医圣故里南阳张仲景研究会会刊《张仲景研究》第1期的发刊词中精辟地概括了张仲景的生平、思想、学说、伟大贡献及历史影响:

　　医圣者,即医中之尧舜也,荣膺此誉者,唯仲景先师。先师"勤

---

①② 唐明华、王新昌主编:《医圣张仲景与医圣祠文化》(下),华艺出版社,1994年版,第457页、573页。

求古训",集前人之大成;"博采众方",揽四代之精华;缜谛覃思,融汇贯通,著《伤寒杂病论》之宏篇,创理、法、方、药之规范;开辨证施治之先河;树救厄扶危之楷模。一千七百余年来,为后世所景仰。运用其方者,中外皆是;研究其法者,不可胜数;注释其书者,古今千余。而仍觉宝库深藏,挖之不尽;明珠在椟,华光犹灿……

民国二十四年徐衡之先生亦言:

> 仲景创造实验派医学,万民于今受赐,其有光中国文化,实不在孔墨庄老之下,中国文化史,苟无仲景其人,则岂止医学一门,黯淡无色,中华民族,恐亦成无医之国矣。①

张仲景创立的中医理论,不仅对中华医学的发展起到了重大的推动作用;而且,早已飞越国界,造福于世界人民。特别是在日本不仅收藏有《伤寒杂病论》多种古传本,而且从事《伤寒杂病论》研究的古今学者相关著述数百种之多,其数量世所罕见。仲景著述还对朝鲜、蒙古、越南、马来西亚等国医学的发展产生了积极的影响和作用。张仲景对中国医学乃至世界医学的发展做出了不朽的贡献。医圣南阳故里、官任长沙之地均建有祠堂,以纪念这位伟大的医学家。

(一)张仲景中医药文化的形成条件

张仲景的《伤寒杂病论》是我国第一部临床医学巨著,首创六经辨证,奠定辨证论治基础,制方用药精当。中国中医药文化走上系统发展的科学轨道,张仲景起着不可替代的作用。这既是中国古代中医基础理论和中药学走向成熟的历史必然,也是独特的时代背景、地域文化造就了张仲景,更是由张仲景自身的条件和他先进的民本思想、敢于创新

---

① 徐衡之:《中国文化史上之张仲景观》,《中医新生命》,民国二十四年第十号。

的精神所决定的。

1. 生活的时间与空间

张仲景，名玑，东汉南阳人，约生于汉桓帝和平元年（公元150年），卒于汉献帝建安二十四年（公元219年）。东汉末年的中国医学不论是基础理论还是临床实践已由孕育过渡到成长期。草木药物治病已被广泛应用，砭石针灸已退居比较次要的地位；民间验方和秘方渐渐集中于少数方伎之士手里，师徒相传，医药逐渐形成了专门技术，但多秘而不宣；一部分巫祝兼做医生，不少人依然鄙视医药行业，而且以行医为耻；在医学理论方面，也开始由迷信的神学巫医走向以朴素哲学理论分析医理的阶段，步入了科学发展的轨道；当时丹鼎派道士的烧炼服食等化学研究，也给医药的发展以若干的帮助。① 张仲景在《原序》中也说："撰用《素问》《九卷》《八十一难》《阴阳大论》《胎胪药录》，并平脉辨证，为《伤寒杂病论》合十六卷。"② 也就是说张仲景在撰写《伤寒杂病论》过程中参考大量前人的医学著作。据《汉书》卷30《艺文志》第十载有《黄帝内经》《扁鹊内经》《白氏内经》等医经7家216卷，有《五脏六腑痹十二病方》《妇人婴儿方》《汤液经法》等经方11家274卷，还有房中8家160卷和神仙家205卷。但多数书籍已遗失不传，现传的只有《黄帝内经》，仲景所参考之书中的《素问》和《九卷》都是《黄帝内经》中的内容。值得庆幸的是，考古发掘出土了汉代大量的医学书籍，主要有马王堆汉墓中的简帛医药书14种：《足臂十一脉灸经》《阴阳十一脉灸经》《脉法》《阴阳脉死候》《五十二病方》《养生方》《杂疗方》《胎产书》《却谷食气》《导引图》《十问》《合阴阳》《杂禁方》《天下至道谈》等，内容涉及有关预防医学思想、医学理论、医疗方法和性医学、方术禁忌、巫祝方等。有张家山汉简中的《脉书》、《引书》等，武威旱滩坡汉简中的医书，记载比较完整的医方有30余个，所列药物近百种，还记有针灸治疗方法。③ 有敦

---

① 薛凝嵩：《张仲景在中国医药上的进步作用》，《新中医药》，1954，(1)。
② 张仲景著，柳术军编译：《精译伤寒杂病论》，中医古籍出版社，2003年版。本书以下凡引用《伤寒杂病论》原文，均见该书，不再注明。
③ 马今洪著：《简帛：发现与研究》，上海书店出版社，2002年版，第50～78页。

煌本《辅行诀脏腑用药法要》载医古方47首，其中引《汉书·艺文志》中著录的《汤液经法》一书经方16首，有许多在张仲景的《伤寒杂病论》中亦见到。由此可见，张仲景医学理论继承了前人的成果，前人的成果是仲景学术创新的理论基础。张仲景在《原序》中说："上古有神农、黄帝、岐伯、伯高、雷公、少俞、少师、仲文，中世有长桑、扁鹊，汉有公乘阳庆及仓公。"这些名医技术精湛，临床经验丰富，对医学理论有一定的研究，而且医德高尚，他们成为张仲景学习的楷模。

张仲景生活的时代是东汉末年，当时王朝政治日趋腐败，战争频繁，疾病流行，天灾人祸，民不聊生。据《后汉书》记载，从汉安帝到汉献帝不到100年时间，中国就先后流行大疫10次。诗人曹植写过一篇《说疫气》的文章，提到建安23年（公元218年），疠气流行，"家家有僵尸之痛，户户有号泣之哀"。魏文帝曹丕在给吴质的一封信中说道，当时著名的"建安七子"，其中徐干、陈琳、应玚、刘桢4人，都是因传染病死去的。而张仲景的故里南阳属荆楚地区，他又曾任长沙太守，那里湖泊罗布、杂草丛生，水旱自然灾害后，传染病相当严重，死亡率极高，《汉书》所说："南方暑湿，近夏瘅热，丈夫早夭。"正是仲景引用《阴阳大论》说"辛苦之人，春夏多湿热病"的依据。加之长期战乱，传染病的流行很厉害，张仲景在《原序》中也自称家族200多口，从建安初年（公元196年）起，不到10年间，死亡2/3，其中因伤寒病死去的占7/10，可见疾疫流行的程度。荆楚地区又巫风盛行，巫祝和庸医为获取厚利乘机欺骗人民，草菅人命。张仲景的医术成长于这些"大疫"之中，唯有这样的条件才能促使他钻研传染病的治疗。

"好药出名医，名医用好药"。张仲景成长在南阳，这与南阳富庶的天然中药材资源密不可分。《伤寒杂病论》中的经方用药大多选自南阳地道中药材。可以说，南阳800里伏牛山天然药库也同样孕育并造就了张仲景的医药成就。南阳地处南、北温带交汇之处，地理位置独特，是南北动植物兼有的纯天然、无污染的中药材主产区。这里有"中华基因库"的美誉。据统计，南阳境内盛产中药材2347种，其中地道名优药材30种，中药材总储量2.5亿公斤。特别是南阳境内伏牛山区盛产的山茱萸、辛夷、桐桔梗、裕丹参、唐半夏、杜仲、血琥珀、全蝎被誉为"南阳八大名产"，闻名全国。山茱萸、辛夷的种植面积、产量、质量均为全国之冠。

一、一代医宗　万世敬仰

战争频繁

民不聊生

一、一代医宗　万世敬仰

疫疠流行

2. 才学和品德

时代赋予了张仲景丰富的中医基础理论和临床实践资料，为张仲景医学成就的取得创造了客观条件，但最终起决定作用的还是张仲景的才学和人品。张仲景有伟大的抱负、高度的社会责任感和丰富的医学理论修养，有继承创新和追求真理的革新精神，有远见卓识和敏锐的目光，有关注民众疾苦的博大胸怀。

（1）注重实践，继承创新

张仲景医学的突出特点是一切以临床实践为出发点。他"勤求古训，博采众方"，广泛搜集前人的医疗技术和治疗方法，结合自己的医学实践不断创新。他取《内经》阴阳学说之长，把生命观、疾病观皆视为阴阳对立统一、运动变化的表现，并运用这些比较先进的思想，创立了六经辨证为主要内容的辨证施治学说，其独到的脉理脉法，灵活的正治八法、反治四则，汤、丸、散、熏等十多种剂型的首创，都是他嗜学不倦、勇于实践、敢于创新的结果。张仲景十几岁就拜南阳名医张伯祖为师，勤奋钻研医术，立志做一个济世救人的良医，他只要听说哪里有好医生或有治病的好方子，总是不辞劳苦地虚心求教。他为了学得阳励公的医术，曾更名易服，到阳医生的药铺里当一名制药佣工，每天起早贪黑，辛勤劳作，半年之后，阳医生才知道他是闻名已久的张仲景，感动之余将自己的伤寒秘方全部传授给他。他听说襄阳的同济堂名医"王神仙"有治疗瘩背疮的经验时，就立即带着行李跋涉几百里拜"王神仙"为师，对王神仙的用药和医道认真学习，铭记在心。他在举孝廉之后，曾经游历京师。当时的京师设置有太学，聚集了一批有学问的"五经博士"，他在太学拜谒各家经师，虚心求教。从南阳到京师洛阳，再赴长沙任所，他游宛洛，览黄河，历荆襄，过长江，经洞庭，涉三湘，既丰富了他的阅历，又对各地疫病流行及医药状况作了大量的调查，为他撰写《伤寒杂病论》奠定了坚实的理论和实践基础。他首创的救治自缢的人工呼吸法等便是从老百姓中间得到的。据传说"青龙汤""真武汤""白虎汤"等也是他从道士那里采取的。张仲景这种继往开来、不断创新的进取精神，使他一方面刻苦钻研医术，行医民间；一方面博采众长，著书立说。即使历经艰辛写成了旷世巨著后，他仍庄严地宣称自己的学说尚"未能尽愈诸病",明确表示反对"各承家技,始终顺旧",启迪后学者勇于探索和不断进取,表现了他虚怀若谷的不凡气度和一代宗师的高尚情操。他一生不仅从事医疗实践,著书立说,而且传授弟子,从不保守。据载,他的弟子中杜度、卫汛都相继成为名医。《张仲景方论序》说,杜度是仲景弟子,有远见卓识,救济平民,"多获禁方"。《太平御览》22卷说,卫汛喜欢医术,从仲景为师,才华出众,"撰《四道三步厥经》《妇人胎脏经》及《小儿颅囟方》三卷",在社会上广为流传。正是张仲景这种不断创新的思想,使《伤寒杂病论》在无法刊印的年代得以流传后世,并广泛传播,推动了中医药技术的不断发展。

(2)救死扶伤,医德高尚

历代人民崇敬和爱戴张仲景,主要是因为他是一位杰出的民众医生。他在南阳郡民众中享有较高的声誉,曾被郡守举荐为孝廉。在他的医学理论和实践中体现了当代医学所倡导的"救死扶伤"、"全心全意为人民服务"的思想,反映了他具有高尚的医德。他在《伤寒杂病论》的《原序》中强调学医必须有一个明确的宗旨:"上以疗君亲之疾,下以救贫贱之厄,中以保身长全。"告诫同行,且莫"争名逐利",而要"留神医药,精究方术",这种济世救人之心,正是祖国医学史上历代医家所推崇的职业道德,是衡量医者品行的尺度。张仲景在《原序》中,颂扬古代名医的精湛技艺,无情地鞭挞"建安纪年"以来,出现的"举世昏迷""蒙蒙昧昧"的社会现象以及那些不务正业、浅尝医理的"趋世之士"。他对以医谋私的歪风深恶痛绝,严厉地斥责了胸无点墨、不学无术的"凡医",说他们在稍微复杂的病症面前,只会"降志屈节,钦望巫祝,告穷归天,束手受败",一针见血地指出,这种"凡医""进不能爱人知人,退不能爱身知己",其处境"危若冰谷",只不过是医门败类而已。张仲景不但是这样说的,而且也是这样做的。他曾任职长沙太守,但却跃出宦海,隐居少室山,投身到全面、系统地对中国医学进行实践、革新、总结和提高的科学研究之中,把他的聪明才智和高超的医术,毫无保留地运用到为民众除疾的神圣事业上。在汉代,儒家思想倡导"君君、臣臣、父父、子子",官民之间等级森严,而张仲景居然在公堂之上为民诊病,冲破了"礼不下庶人"的清规戒律。张仲景把所有治病有效的医方全部公开出来,让人们广泛传抄,对医学科学知识的普及起到了非常积极的促进作用。医学文明普及率的提高,必将带来社会文明水准的提高,必将推进

荐举孝廉

一、一代医宗　万世敬仰

官守长沙

隐居少室

社会文明向前发展。医学知识的普及使疫情所带来的灾难大大降低。据《一统志》《湖南通志》等史书记载："建安中,仲景为长沙太守时,曾大疫流行,仲景治法杂出,民赖以全活者甚众。"张仲景救死扶伤、济世救人的医学伦理道德,从此为后人广泛推崇和发扬,长沙、南阳民众为其修祠、塑像永世纪念。

(3)破除迷信,追求真理

张仲景以朴素的唯物主义思想指导医学实践,使得他在医学上取得了丰硕成果,其追求真理的科学精神,对祖国医学产生了积极而深远的影响。

东汉末期意识形态领域中杂说盛行,三教九流充斥其中,各据一隅。尤其是儒家、道家、玄学、神学,更是盛行于世。但不管是哪一种宗教信仰,都披着一层神学的外衣。有神论与无神论的尖锐斗争在医学界和哲学界异常激烈。张仲景学说充分体现了无神论的先进医学文化思想。

自西汉时期董仲舒提出"罢黜百家,独尊儒术"之后,儒家思想成为正统,并且形成了发展后的新儒家思想。它以先秦时期的儒家思想为主体,把儒家、法家、阴阳五行家按需而归,融为一体。将先秦儒家"天人合一"思想发展为"天人感应论",并使之神话。神话了的"天人感应论"就是后世所说的"天人感应"的神学目的论。董仲舒继邹衍的"五德终始"循环论之后,又一次倡导了神学世界观,从而使君权神授的理论披上了神学的外衣。在这种思想统治的背景下,东汉时期出现了风靡一时的"谶纬之学"。这是一种由儒学神化而发展起来的荒诞学说。刘秀提倡儒学,"图谶于天下",致使谶纬之说广为流行。

道家倡导"道生一,一生二,二生三,三生万物"的观点,并以忠孝仁信为本,主张顺从自然,自调自稳,服丹修炼,成神成仙,把生命的希望寄托在虚幻的神仙境界之中。由于神学泛滥,迷信猖獗,致使东汉末期的医学界巫师充斥。特别是大疫之年,人们更是祈求祷告、悬符画箓、卜巫咒禁、敬天保命,并由原始的"图腾崇拜"变为公开的巫祝迷信,从而使朴素的医疗活动染上了神秘色彩。张仲景极为反对这种以巫代医的神学思想,提出了以无神论为核心的唯物主义观点。

其一,形朽神灭,灵魂不存。张仲景在《原序》中说:"厥身已毙,神明消灭,变为异物,幽潜重泉,徒为啼泣。"在当时科学不发达的情况下,提出这种形神统一的论点是极其宝贵的,为中国医学形神统一论奠定了基础。后人范缜的《神灭论》便深受其影响。

其二,继承王充的"气一元论"哲学思想,对人的生命现象有了唯物主义的解释。东汉唯物主义思想家王充,在《论衡·自然篇》中提出:"天地合气,万物自生。"他认为气是万物之本原,气满六合,弥注万物,人是由物质性的气生成的,自然界的气候变化,也导致人的健康状况随之而发生变化。人与自然界只有和谐统一,人与环境和谐共处,人才能更好地生存。后人把"天人合一""天人感应"神化,实际上是对"天人合一"思想的曲解,是对这一概念的偷换,是为了达到某种目的或实现某种利益有意而为之的结果,是对科学的游戏和无知的表现。张仲景传承并充实发展了王充的"气一元论"唯物观,并把这一理论应用于医学实践。他认为,人和万物一样是由物质性的气构成的。天有五行,人有五脏,天地之气,造化万物;人身之气(阳气、元气、卫气、营气),营卫气血循环周流。他还认识到自然界的事物相互滋生、相互转化、相互制约,而且不断运动,变化无穷。他在《原序》中说:"天布五行,以运万类,人禀五常,以有五藏,经络府俞,阴阳会通,玄冥幽微,变化难极。"张仲景继承秦国名医的"六气疾病说",继承了《内经》的病因学说,提出风寒暑湿燥火是外来的致病因素,将其定论为"万般灾难,不越三条",有力地批驳了"不可知论""天命论""神鬼致病论"等歪理邪说,肯定了病因的物质性,认识到了生、老、病、死等生命现象的物质性,并在诊病过程中完全废止了占卜、求巫等迷信形式,倡导以望色切脉为主的"四诊之法"。

其三,坚持物可制气,药能治病的唯物主义观点。张仲景认定了病因的物质性,并采取了制止这种邪气蔓延的有效方法,即"用药后以治之"。这是物可治气的唯物论观点。张仲景用药物防病治病、禳邪祛疾,并收到起死回生的效果,不但使人们逐渐从神学笼罩的梦幻状态解脱出来,而且在医学界确立了物可制气、药能治病的唯物观。

总之,张仲景学说摆脱了神学、巫医等唯心主义的影响,坚持以"天人合一"思想为核心的朴素唯物主义观点,是他取得医学成就的理论基础。

(4)脉证合参,辨证施治

张仲景学说把生命观、疾病观视作阴阳对立统一、运动变化的表现,内含的辩证法思想非常丰富。

其一,人体阴阳的对立与统一。《伤寒杂病论》中的阴阳论,基本上符合对立统一的规律,它作为主线贯穿全书,是仲景学说的总体指导思想。

在病理上,张仲景把人体视为一个阴阳对立的统一体。表为阳,里为阴;腑为阳,脏为阴。表里阴阳又以经络之阴阳相贯通,形成一个有机的整体。在人体的阴阳处于动态平衡的状态之下,阴平阳秘,就是健康无病。一旦外邪作用于人体,或内部条件有了变化,出现邪正相争,阴阳失调,就形成了疾病。

在症候上,《伤寒杂病论》将其区分为三阳病和三阴病,这是由于人的体质不同,邪感之后,脏腑经络阴阳失调的比例不同造成的。大凡三阳病大都属表、属热、属实,三阴病大多属里、属寒、属虚。三阳病、三阴病之说意在肯定疾病的根本性质,以确定治疗大法。张仲景又从三阳及三阴病中,分解出种种不同的病症,意在区别对待,根据不同的病症采取有针对性的治疗措施,从而提高疗效。这种以病为纲、以证为目的症候分类方法,提纲挈领,达到了执简驭繁进行辨证论治的目的。

在诊断上,张仲景十分重视脉证合参,处处以脉证之阴阳,诊断病证之阴阳。

在治疗上,张仲景处处要求营卫和、胃气和、津液和、阴阳自和等,无一不是以阴阳调和立法。在这一学术思想指导下,张仲景根据不同疾病不同的脉证,或驱邪或扶正,或存阴制阳,或扶阳抑阴,施以汗吐下和消补之治,促使患者失调之阴阳趋于平衡,达到"阴平阳秘,精神乃治"的目的。

在用药上,张仲景所用的药方,构思十分精巧,处处以对立统一的方法组方,以适应患者的具体情况,如桂枝汤中,既用桂姜的辛散,又用芍药的收敛。既用桂枝之祛邪,又用甘枣之扶正,辛甘生阳,酸甘化阴,一攻一补,一散一收,滋阴和阳,既对立又统一,不失为张仲景群方之冠。

其二,疾病形成的内因与外因。疾病的发生、发展和转归,有内因、外因两个方面的因素。外因即病邪,内因即正气,外因通过内因而形成疾病。张仲景对于疾病的内外因之别采取辨证的态度,在重视外因的同时,更重视内因的作用,在一般情况下,疾病的运动变化,内因正气起决定性的作用,外因邪气起次要作用。在特殊情况下,外因也可起主导作用。前者为常,后者为变。张仲景在处理内、外因关系时有两大法则。

①扶正祛邪。三阳病以驱邪为主,正气旺者,单独祛邪,如麻黄汤之汗,白虎汤之清,承气汤之下,瓜蒂散之吐等等,邪去则正安;正气稍虚的,则攻补兼施。三阴病,正气大虚,以扶正为主,如理中汤、四逆汤之温补脾肾等。有学者对《伤寒论》的113方作了分析研究,发现仲景处方中扶正是主要的,用炙甘草70方,大枣40方,附子23方,人参22方,可见张仲景多么重视内因。

②调和阴阳。身体的正常生理状态是阴阳平衡。平衡与否,是决定病与不病、病势轻重的内因,调和阴阳是论治的最终目的。张仲景对此强调了两点:扶阳抑阴和存阴制阳。三阴病多阴盛阳衰,证多虚寒,常常以阳气的增减决定病势的进退恢复,治疗上就以扶阳抑阴为主,如四逆诸方。三阳病,阳气亢必伤阴液,治疗用白虎承气之清下,均在制阳邪保阴津,宗旨就是要固护正气,重视内因。

其三,疾病的共性与个性。张仲景把所有的外感病区分为病与症。病,带有较普遍的共性;而症,则揭示出特殊的个性。辨病与辨证相结合,十分便于认识疾病。《伤寒杂病论》辨病,运用"异中求同"的方法。在人体感邪后,可以出现千头万绪的脉证,这些脉证,无一不是脏腑经络的病理反应。张仲景根据"有诸内必形诸外"的理论,使用以表测里、以象测藏的手段,把错综复杂的脉证归纳为六经病,而《伤寒杂病论》辨证,则运用"同中求异"的方法。由于人体内在条件不同,感邪有轻重,治疗有当否,同一疾病,在不同的人身上,会出现种种不同的证,分解表现出特殊的征象。

《伤寒杂病论》虽然辨病与辨证相结合,但重在辨证。症对于患者来说,它完全符合具体情况,可以采取有针对性的治疗措施,以达到高效、速效治病的目的。仲景所开创的"同病异治"和"异病同治",充分显示出特色鲜明的中国医学的优越性。

其四,疾病转化的静态与动态。邪正双方,每日每时都在不断地运动变化,在一定的条件下,还可向其反面转化。疾病还有静止的一面,只不过这是相对存在的静止特性,但疾病的运动变化则是绝对性的。

《伤寒杂病论》深刻揭示了静止与变化的辩证关系,尤其值得注意的是,在疾病的相对静止期,要有高度的警惕性和预见性,及时发现患者出现的情况变化，及时采取相应的治疗措施，便可以掌握治疗的主动权。

疾病的运动变化与相对静止构成了疾病的阶段性特征。静止有长久暂时之分，传变有迟缓与快速之分，这两者构成了两个不同的疾病阶段。

其五，疾病传变的量变与质变。《伤寒杂病论》把疾病的传变形式，具体划分为循经传、越经传、表里传、直中、合病、并病等。这些不同的传变形式，大致可分为量变与质变两大类。

量变也叫渐变，疾病的临床表现有改变，但它的根本性质没有改变，所以治疗大法也不能变。所谓质变，也叫突变，是疾病的根本性质改变了，不同质的矛盾，要用不同质的方法去解决，因此治疗大法必须改变。比如，重视六经病的量变与质变，就有其十分重要的意义：一是可以见微知著，及时采取措施，防止疾病发展，以缩短疗程；二是可以及时发现质变，变更治疗大法，避免误治，提高疗效。

其六，病因的主要矛盾与次要矛盾。疾病是一个"矛盾"的综合体，但总是有主、次之分的。在治疗时，如果能抓住主要矛盾和矛盾的主要方面，常常可以从点上实现突破。张仲景通过实践，在这方面总结出了许多捕捉疾病主要矛盾（病因）的经验：①三阳病以祛邪为主，三阴病以扶正为主；②阳气为生化之本，不论何病，稍见阳虚，即当扶阳；③阴阳俱虚者，分别主次以治之；④阳盛阴微，宜急下存阴；⑤阴盛阳微，宜回阳救脱；⑥表里同病，以缓急分先后。

其七，疾病诊治的整体与局部。《伤寒杂病论》的辨证论治，十分重视整体与局部的辩证关系，既重视人的整体，又不放松局部，而且往往突出某一局部症状，作为辨证论治的着眼点。①从整体辨局部。张仲景所阐述的某一个局部症状，往往数病俱见，若不结合整体，就确定不了它的性质。比如："烦躁"一症，三阴三阳病都有此症，若不结合整体辨证，一阴一阳，有着天壤之别。②从局部辨整体。张仲景既重视整体，也重视局部，在疾病消长过程中，如出现新的症状，则必是新的病变信号，可以以此及时发现疾病质的转化。③从整体治局部。仲景论治，基本上是整体治疗。仲景的处方往往是从整体着手的。④从局部治整体。张仲景除以整体治疗局部外，有时也从局部取得卓越的疗效。可谓一活百活，治从局部，效及全身。

其八,临床表现的现象与本质。在临床表现上,证大多数与本质相一致,但也有个别病例,现象与本质不符,表面现象掩盖了事实本质。这就容易造成误诊。表象掩盖实质的患者,多是病情危重之人,尤其要高度警惕,需通过现象认清本质,不能被表象迷惑。正如仲景在《伤寒论》第 7 条中所言:"病人身大热,反欲得衣者,热在皮肤,寒在骨髓也;身大寒,反不欲近衣者,寒在皮肤,热在骨髓也。"

(二)张仲景对中医药文化的伟大贡献

张仲景《伤寒杂病论》自成书 1800 多年以来,深受历代医家推崇,成就远在后世诸书之上,因而与《黄帝内经》、《难经》、《神农本草经》合称为中医"四大经典"。张仲景精索医理,创立了中医学临床诊疗辨证论治体系,他以六经论伤寒、脏腑论杂病、三因类病因、辨证寓八纲、治则述八法,证因脉治,理法方药,融为一体,垂法后世。

1. 对辨证论治的贡献

张仲景《伤寒杂病论》以六经论伤寒,以脏腑论杂病,创造性地提出了包括理法方药为内容的辨证论治理论体系,使中医学的基础理论与临床诊断治疗紧密结合起来。

对于外感伤寒病,张仲景在《素问·热论》基础上,从整个外感病的发生、发展、变化过程入手,根据病邪侵害经络、脏腑的盛衰程度,患者的正气强弱以及有无宿疾等条件,寻找出伤寒发病的规律,提出了以六经论伤寒的辨证方法,阐述了各种病理情况下的治疗原则。

《伤寒论》以六经论治为纲领,载方 113 首,著论 22 篇,合计 397 法,条文简约,字字珠玑。伤寒六经即太阳、阳明、少阳(三阳)和太阴、少阴、厥阴(三阴)。三阳病多实热症,三阴病多虚寒症。由于手足经络同名,又分别络属整个脏腑,因此脏腑、经络、疾病的发生、发展、演变相互关联,不可分割。张仲景将经络所属脏腑作为辨证的理论依据,提出了伤寒传经途径。在症候的变化方面,指出了八纲辨证论治的具体原

精索病理

则，并通过望、闻、问、切四诊，分析和检查疾病部位性质而归纳出来。虽然论中未明确提及八法二字，但将临床基本治疗大法汗、吐、下、和、温、清、消、补等融会于诸篇经文及附方之中，更执简驭繁地确立了中医学治疗体系。千百年来，外感内伤杂病，症情万变，但其治则方略概莫能出仲景之法者。

对于杂病，张仲景以整体观念为指导思想，以脏腑病机理论进行症候分类，并阐述了不同病因与发病的关系。《金匮要略》是治杂病之经典，共 25 篇，载方 262 首，以内科杂病为主，涉及 40 余种病症的辨证治疗，同时论及妇科、外科等。在妇科方面，主要论述妇人妊娠病、产后病和妇科杂病，是我国现存最早的较系统的妇产科文献。在疾病防治方面，主张未病先防、既病防变的预防原则，"见肝之病，知肝传脾，当先实脾"，使"五脏元真通畅，人即安和"。并提出疾病病因三因学说：一是经络受邪，传入脏腑，为内因；二是感受外邪，四肢九窍，血脉相传，壅塞不通，为外因；三是房室所伤、金刃伤、虫兽伤，为不内外因，即意外伤害病因。1800 多年前如此有条不紊地详述疾病发生原因，是极其难能可贵的。

张仲景在危重症的治疗上也很有成就，除伤寒六经病中亡阴、亡阳症候及各种严重逆症、坏症外，《金匮要略》中记载了多种抢救猝死的方法，如吹鼻取嚏法、舌下含药法等，还首创了灌肠法。特别是仲景提出用人工呼吸法抢救缢死、溺死之人，其操作与注意事项的合理，与现代的人工呼吸及心脏胸外按摩术非常相似。公元 3 世纪即应用此项技术，令人惊叹不已。对诊疗实践的精练总结，标志着中医学辨证论治理论体系的确立。

2. 对方剂学的贡献

《伤寒杂病论》共载方 360（其中《伤寒论》载方 113 首，《金匮要略》载方 262 首，其中有 15 首与《伤寒论》中相同）首，许多名方一直被历代医家所沿用。张仲景方剂被称为"经方"，经方在君、臣、佐、使的配伍运用和加减变化上具有严谨的法度，遣方用药，各具特点。不仅如此，张仲景遵循建立的辨证求因、审因立法、依法定方的原则为后世医家组方用药所效法。如伤寒六经各有主证，主证有其主方，主方有其主药，根据病症变化,加减化裁,极其灵活。方药剂量也颇有讲究,方中某一药物剂量的增减,即左右整个方剂性能,时至今日仍屡屡见诸于临床,难怪后人有云"中医不传之秘在量上"。

在药剂制备方面,仲景也有着很广泛的运用,从《伤寒杂病论》所载诸方中,采用剂型种类甚为完备,除以汤剂为主要剂型外,还有丸剂、散剂、栓剂、灌肠剂、酒剂、醋剂、饮剂、煎膏剂、洗剂、浴剂、熏剂、滴剂、软膏剂等,这些剂型都有较详细的记载和应用方法。

而方剂在现代更是极其广泛地应用于临床各类疾病治疗之中,可谓不胜枚举,此不赘述。

3. 对药物学的贡献

张仲景对药物学的认识和运用具有很高的科学水平,主要表现在以下五个方面。

一是重视生药的选择加工。生药加工是中药制药工艺流程中的重要环节,根据药物的种类、功效,其加工方法有切、劈、破、咬咀、碎、研、捣、洗、浸等。

二是重视药物炮制。炮制是先把药物粉碎,以便于煎煮和提取有效成分。

三是炮制方法有炮、炙、烧、炼、熬、熏、煮等多种。其炮制加工处理工艺给后世炮制学以立法和启迪。

四是药物煎煮不是千篇一律。有的主药先煮以使主药有效成分能够充分溶解,可去掉其副作用;有的采用去渣重煎的方法,可提高药物有效成分的浓度。

五是用酒和醋煎药。此说明东汉末年已经了解到用特殊溶剂来提取不溶于水的一类药物的有效成分。

当然张仲景对药物学的认识和贡献远不止于此,其方药效验历千年而不衰,其中蕴涵的科学机理有待我们去认识、挖掘、发扬、光大。

4. 对温病学的贡献

张仲景《伤寒论》对后世温病学的形成发展有着直接启迪和影响。

首先《伤寒论》提出了温病病因有新感和伏气之分。《伤寒序例》中把温病成因分为两种：一种是后世所论的伏气温病；另一种则属于后世所谓的新感温病，为后世温病的"新感"和"伏气"学说奠定了基础。

第一，《伤寒论》最早提出温病症状和忌用辛温法治疗。《伤寒论》第6条指出了发热不恶寒而渴的温病症状，治疗虽未提出辛凉解表法，却明确指出不能用辛温发汗来解表，为后世温病学首用辛凉、忌用温热治疗方法提供了根本性启示。

第二，伤寒六经辨证为温病的卫气营血、三焦辨证论治奠定了基础。《伤寒论》将外感热病分作六经进行辨证论治，反映了中医辨证论治的基本诊疗思想。随着历史的发展，后世医家在运用六经辨证纲领分析、观察外感疾病的同时，进一步总结、补充了一套新的外感热病辨治方法，即卫气营血和三焦辨证方法。伤寒六经辨证为探索温病辨证论治规律作出了贡献。

第三，《伤寒论》对温病治疗的贡献。《伤寒论》中一些症候、方药对后世温病学家很有启发，他们在经方基础上，依据温病特点，对方药进行加减化裁，创造出众多温病治疗效方，并根据温病重在阴津不足、伤寒重在阳气损伤的特点，创立了救津除热的治疗方法。

5. 对针灸学的贡献

《伤寒杂病论》除以药物治疗为主外，尚记载有许多针灸治疗内容。在《内经》基础上有所创新和发展，是仲景对中医学的又一贡献。

张仲景针灸治疗内容包括针刺和灸刺两大方面，归纳起来有：三阳宜针、三阴宜灸；阳实热症用针，在于散邪泄热，阴虚寒症用灸，在于温阳救逆；针药并行，随症灵活施用；烧针艾灸，注意流弊变症。

运用针灸辨证论治规律包括：依据标本缓急进行辨证论治；以针刺预防疾病传变，以灸刺诊断辨别预后；针灸治疗重点在扶正祛邪，贵在因势利导；针法灸刺明确禁忌，防止误治，并指出了误用烧针灸熨易致伤阴亡阳的变症。其阳症宜针、阴症宜灸的治疗原则为后世针灸治疗奠定了基础。

6. 对护理、养生、时间医学的贡献

从《伤寒杂病论》中大量原文可以看出,仲景通过亲自观察病情和护理患者,在实践经验积累中总结出一套"医护合一"的医疗方法,开创了中医护理学之先河。仲景对护理工作的观察掌握,是建立在辨证基础上的,每一个症都有着各自不同的护理方法。护理的重点,在于全面观察病情、及时掌握病势转变以及指导患者用药、饮食、摄生等。从医学史角度来看,"医护合一"曾是一个先进的医护方法,仲景为现代中医护理学做出了启蒙贡献。

张仲景养生思想主要表现于《金匮要略》中,其理论源自《内经》,内容以内养正气、外慎风寒的疾病防治、养生理念贯穿始终。养生方法强调五脏元气通畅人即安和,注意饮食果菜禁忌,施用导引吐纳,房室勿令竭乏,不令邪风干忤经络,方可享百年之寿。他的养生思想言简意赅,切中要害,别具一格,是其学术思想中不可缺少的组成部分。

时间医学是近代发展起来的一个医学分支,它包括时间生理学、时间病理学、时间诊断学、时间药理学和时间治疗学。实际上中医学从萌芽时期开始,就具有时间医学的内容。在仲景著作中有关时间医学的内容更涉及发病、诊断、治疗、预后、调养等多个方面。在《伤寒论》中,时间医学体现最为具体的是六经病欲解时和其他病症的愈期推断。在《金匮要略》中,仲景认为病情向愈有周期变化,通过患者不同时间的症情变化,有助于鉴别诊断,如疟疾往来寒热,从发病的第 1 天计算,应当到发作后第 15 天痊愈;假设不能痊愈,也当在 30 天之内完全解除。黄疸病当以 18 日为痊愈的期限,治疗 10 日以上应该有所好转,如果病情加重,则难以治愈。另外,对于人体的生理节律、发病的时间特性、辨证的季节影响、治疗的时间法度都有比较详细的论述,是张仲景临床经验智性思维的总结。

7. 对传统医学哲学文化的贡献

张仲景最伟大的医学贡献在于创立中医学辨证论治理论体系,其理论构筑基础是《伤寒论》六经辨证体系。六经辨证理论作为一个完整的

概念,吸收了古代哲学思想和传统文化精神内涵,结合医疗的具体实践,完成了自身理论框架的构筑和辨证内容的充实。其结构具有系统性、实用性、稳定性和超前性,千百年来中医各家学说层出不穷,各学术派系概莫能外,未有出其右者。

六经辨证理论是古代哲学思想在医学上的体现,一方面以《易经》《老》《庄》等传统文化哲学为指导;另一方面以《内经》《难经》医学思想为基础,运用唯物的、朴素的思辨逻辑原理去认识发现疾病的发生、发展规律。张仲景以《素问·热论》三阴三阳概念为骨架,从辨证立论,根据人体层次深浅的有序排列,梳理归纳不同症候,寻找疾病的传变、转归联系,从而确定诊断和治疗方法。

六经辨证蕴涵着丰富的辩证法思想,具有普遍联系的观点、运动发展的观点、对立统一的规律、质量互变的规律等。更有学者提出以常变观研究六经辨证,以历史观看待六经辨证,以矛盾观分析六经辨证,以系统观认识六经辨证,以源流观探研六经辨证。所有这些,由于《伤寒论》六经辨证是仲景大量实践的综合归纳,因而也具有真正的实用价值和科学的方法论研究意义。

(三)张仲景的著述及其流传

张仲景一生著述很多,据史书所载,他著有《伤寒杂病论》16卷、《辨伤寒》10卷、《评病药方》1卷、《疗妇人方》2卷、《五藏论》1卷、《疗黄经》1卷、《口齿论》1卷,可惜均已散佚。现存的《伤寒论》和《金匮要略》,是经晋代太医令王叔和整理、宋代林亿等校正刊行的。

我国历代对张仲景的著作均有不同程度的整理和引申。在唐代,《伤寒论》流传并不广泛,著名医学家孙思邈《千金要方》中有关伤寒论述,涉及张仲景的学说并不多,只提到"江南诸师,秘仲景要方不传"。其晚年著《千金翼方》时,却大量引述了张仲景的《伤寒论》。

宋代医家叶得在其《避暑录话》中阐述得很明白。他说:"孙思邈为《千金方》时,独伤寒未之尽,似未尽通仲景之言,故不敢深论,后三十年作《千金翼方》,论伤寒者居半,盖始得之。"我们从这些记载中可以看出，早年孙思邈对于张仲景著作见得不多，或领会甚少。至30年后，他再见到张仲景著作时，才得以领会精要，所以，才能大量引用。

唐、宋时期，中国众多的医家多受到张仲景医学造诣的熏陶和影响。而且，他的医学思想和技术，漂洋过海，流传与影响日本学者。如10世纪日本名医丹波康赖著《医心方》，也收入了"张仲景方"。19世纪时，日本还先后发现康平三年侍医丹波雅忠抄录的卷子本《伤寒论》。

宋朝以后，对张仲景著作进行了大量的整理研究工作，研究他的医学思想和技术的人也逐渐多起来了。著名的有：北宋庞安时的《伤寒总病论》、朱肱的《南阳活人书》、郭雍的《伤寒补亡论》；南宋许叔微的《伤寒发微论》；金代成无己的《注解伤寒论》《伤寒明理论》、刘完素的《伤寒直格方》；明清时代王履的《医经溯洄集》、陶华的《伤寒全生集》、方有执的《伤寒论条辨》、喻昌的《尚论篇》、柯琴的《伤寒来苏集》等数百家之多。

近代，中国医学界对张仲景的医学成就和著作也十分重视开发、研究与继承。1933年，著名中医黄竹斋曾亲到南阳张仲景墓地考察，撰成《谒南阳医圣张仲景祠墓记》。1936年上海国医公会编辑的《国医文献》出版了《张仲景特辑》。

新中国成立后，国家教育部将张仲景的著作《伤寒论》《金匮要略》等，列为高等中医院校学生必读课程。1981年在河南省南阳市成立了张仲景学说研究会。1982年10月，由中华全国中医学会主持，在南阳召开了张仲景学说讨论会，有中日两国学者参加。1985年又成立了张仲景国医大学，为国家培养研习张氏学说和技术的专门人才。

现代国内对《伤寒论》的理论讨论及临床研究更是丰富多彩，如运用水电平衡学说研究六经病的论治；根据现代科学分析仲景学说的生物钟点等等。曾有统计表明，《伤寒论》中常用的25首方剂，对业经现代医学明确诊断的101种疾病（包括44种传染及感染性疾病）获得满意的疗效，这种从一证扩大到一种疾病乃至一个系统的疾病运用经方，是中医学临床、科研的显著进步。

在日本，汉方医药复兴以来仍然最重仲景学说。举例而言：东京及大阪制药企业销售的颗粒冲剂中，《伤寒论》《金匮要略》原方占80%以上；日本某些学者现采取的"始以辨证用方，继以辨病用方"的方法是扩大经方应用范围的较好例证。

（四）张仲景中医药文化的影响和评价

　　张仲景的《伤寒杂病论》代表了中国医学的最高成就，在中国医学发展中，一直被尊奉为中医学的核心经典著作。
　　这颗医学巨星在中华大地冉冉升起，惠泽了代代传人。
　　南北朝大医陶弘景道："惟张仲景一部，最为众方之祖。"
　　唐代大医孙思邈道："至于仲景，特有神功，寻思旨趣，莫测可致，所以医人，未能钻仰（'未能'意为都不能达到这种水平）。"
　　金代医家成无己道："自古诸方历岁浸远，难可考评，惟仲景之方，最为众方之祖，医帙之中，特为枢要，参今法古，不越毫末，乃大圣之所作也。"
　　刘完素称赞道："仲景亚圣也。虽仲景之书未被圣人之教，亦几于圣人焉。"
　　明代大医徐灵胎道："仲景之治病……乃天地之化机，圣人之妙用，与天地同不朽者也。"
　　清代陈修圆更是直截了当地说道："医门之仲景，即儒门之孔子也。"
　　清代江苏武进人、医学家费伯雄道："仲景立方之祖，医中之圣。所著伤寒金匮诸书，开启屯蒙，学者当奉为金科玉律。"①
　　"圣"指"所专长之事造诣至于极顶"。孟子对"圣"有着最恰切的定义：大而化之为圣。"大而化之"就是放之四海而皆准之意。"圣人"是道德智能极高的人。中国古代有十六圣人，如诗圣、茶圣、画圣、书圣等。而真正能放在世界文化历史中"而皆准"者，只有文圣孔子和医圣张仲景了。
　　孔子学说是做人处世的基本原则，仲景学说是生命健康的基本原理；孔子奠定了人格健全、人与社会和谐的社会意识形态，仲景创立的

---

　　① 唐明华、王新昌主编：《医圣张仲景与医圣祠文化》（上），华艺出版社，1994年版，第31～46页。

是身体健康,人与自然和谐统一的生命医学体系;孔子教化民众修身应世,张仲景体恤百姓,济世救人。孔子和张仲景学说是人类得以健康生存的基本理论,所以他们的学说真正能够超越民族、政治、时代、文化的不同局限,具有全人类的广泛适用性。

进入现代社会,人类已经进化到以生命健康为根本追求的时代,以张仲景学说为核心的,以养生、保健、治疗、康复为一体的中国医学将具有更为广泛的应用价值。

张仲景学说不但在中国得到弘扬,而且早在唐代就被传译到海外,成为许多国家医学的典范。

日本的汉方医学尊《伤寒杂病论》为圣经,凡使用张仲景著作中的原方制成的药,药检局一律给予免检的最高待遇,日本东洋医学会会长寺师睦宗曾指出:"张仲景的医学思想是二十一世纪医学最先进的思想。"

美国著名医学家包默德高度评价了张仲景创立的"辨证论治"学说,他说:"爱因斯坦创立了相对论,可早在一千八百年以前,张仲景就把相对论的原理应用到实践中去了,张仲景是全人类的骄傲!"

美国前总统里根的保健医生哈德森博士,专程到中国南阳医圣墓地,他赞扬道:"张仲景创立的学说,是东方医学的宝库,也是世界医学的宝库。"

自明代以来,张仲景的故乡南阳,人们在南阳市建立了医圣祠,逐步丰富了医学内涵,香火旺盛,成为各地传人朝拜张仲景的圣地,为中医走向世界架起了一座桥梁。

我国历代弘扬张仲景学说的热潮更是一浪高过一浪。宋代研究仲景学说的专著就有139部,金元时期研究仲景学说的专著有80部,明代研究仲景学说的专著有253部,清代研究仲景学说的专著高达861部,民国时期研究仲景学说的专著有227部,新中国成立到1990年的41年间研究仲景学术思想的就有256部专著正式出版,尚未付梓的还是个未知数。

张仲景学说备受东方各国学者的青睐。早在公元8世纪,日本学者就从当时的京城长安抄回《伤寒论》,成为日本汉医的经典,到1990年,日本历代已出版研究仲景学说的专著达800余种,并不断强化"以方对症"的原则,熟练应用经方,在经方的实践研究上,不断有新的发现。从1976年开始,日本把70多个仲景验方,研制成提取剂,并纳入"健康保险"的报销范围。全国有一半医师应用这些药剂为患者治病,1985年的汉方药生产总值已达700多亿日元。只有210个汉方药制剂的日本,处方主要来自我国名医张仲景的《伤寒论》和《金匮要略》,原料的75%由我国输入,但在国际市场的覆盖率却达到80%。而我国拥有4000种中药品制剂,在国际市场的覆盖率仅为3%~5%。

日本东洋医学会名誉会长矢数道明先生,出版研究张仲景学说36部专著。1982年10月在医圣张仲景故里南阳召开的中华全国首届仲景学说研讨会上,他在祝词中说道:"中国有许多谚语,其中有句著名的叫做'吃水不忘挖井人',这个谚语感动着我们,医圣张仲景是给我们挖掘《伤寒论》和《金匮要略》这一取之不尽的甘泉水井的大恩人,我们经常蒙受他的思想,从心里感谢他。"

张仲景的甘泉滋润着成千上万个后人,使用张仲景经方祛疾而成为名医者如拱月繁星,不可胜数。宋代最著名的32位医学家,其中20位大医均有卓越成就,对后世产生了巨大影响。仅以杰出的儿科大家钱乙为例,他一是遵循《金匮要略》奥旨,总结出了五脏为纲的儿科辨证方法;二是应用了张仲景经方治疗儿科疑难杂病;三是开后世法则,运用经方之门经,改八味肾气丸为六味地黄丸治疗小儿虚弱症,而成为后人直补真阴之名剂。

张仲景不仅有崇高的医德,而且有精湛的医术,他达到了儒家文化最高理想人格的立功、立言、立德标准。他不仅是南阳人民的自豪,也是中国人民乃至全人类的骄傲。张仲景去世至今已有1800多年,但他的丰功伟绩将与世永存。

南阳作为医圣张仲景的故里,近20年来一直为仲景学说的发扬光大做不懈的努力。跨入21世纪,南阳市启动了张仲景医药创新工程、张仲景医药文化节,发展传统中医药支柱龙头产业和中医药治疗、保健、养生旅游产业,弘扬仲景学说、光大医圣精神、打造医药品牌,造福南阳人民乃至世界人民。

二、勤求古训　博采众方

公元150年（汉桓帝和平元年），在古南阳郡涅水北岸一个叫涅阳的大村镇里，张家诞生了一个男孩。满月的时候，全族百余口都来祝贺。大家看到孩子眉清目秀，十分可爱，人人赞不绝口。几个族中长辈连声催着孩子的父母亲说："孩子这么伶俐，可得起个好名字啊！"父亲低头沉思片刻，就微笑着说道："我看就取一个单名'玑'，父老乡亲以为如何？"话音刚落，只见一个同族弟弟张伯祖轻拍双手，口中低声念着："张玑，掌玑。"突然高声称赞道："好个张玑，真是咱们张家的掌上的珠子啊！"大家听他一嚷，先是一愣，立即明白过来了："玑不就是珠子吗？好名字啊！"愉快的人们纷纷举起酒杯，为这个可爱的孩子，为孩子这个好听的名字，满满地干了一杯。这个孩子就是后来中外皆知，被后人尊为医中之圣的大医学家张玑，字仲景。

张仲景自幼天资聪颖，勤奋好学。启蒙以后，他除了努力学习一般儿童应该学的诗、书、礼、乐等课业之外，还喜欢博览群书，尤其喜欢读前人留下来的医学著作。东汉时的南阳由于生产力低下，自然灾害不断发生，瘟疫流行，每次瘟疫到来都不知夺去了多少人的性命。而当时的社会状况是良医奇缺、庸医泛滥、巫师猖獗。许多百姓信巫不信医，有的患者甚至喝符水而死，也不求医吃药，致使患者死得越来越多，加重了瘟疫的危害。轻者村村闻哭声，家家戴重孝；重者则路断人稀，田园荒废。儿童时代的张玑目睹了瘟疫给民众带来的灾难，而民众又被庸医和巫祝欺骗加重了灾难，他心里就常想："我要是个医生，能治好这

立志学医

二、勤求古训　博采众方　31

拜师伯祖

些人的病该多好啊!"

张仲景的同族叔叔张伯祖是当时南阳一带的名医。据《医说》张仲景方序论说:"张伯祖,南阳人,性志沉简,笃好方术,诊处精审,疗皆十全,为当时所重。"这说明了张伯祖对"方术"有精深的研究,"方术"在中国古代指天文(包括占候、星占)、医学(包括巫医)、神仙术、占卜、相术等,而这里的"方术"就是指医学。张伯祖诊断技术高,治疗效果好,经常四处给人治病。有一天,邻村一位农民得了伤寒病,请张伯祖去看,正巧张仲景在叔父家里,于是张伯祖就带着仲景一起去给患者诊治,经过用药,即将死亡的患者竟然很快就好了。张仲景亲眼看到叔父这高超的医术,心里赞叹不已,他十分羡慕地问:"叔父的医道这么高明,是怎么学来的?"张伯祖听了,笑笑说:"我行医这么多年,也没有什么经验可谈,但是悟出一个道理,那就是要想成为一个技术高超的医生,必须勤求古训,博采众方啊!"张仲景按照叔父的教导,"勤求古训,博采众方",拜师学艺,钻研经典,决心做一个能"上以疗君亲之疾,下以救贫贱之厄,中以保身长全"的好医生。

(一)拜师学医 博采众方

东汉时期,中国的草本药物治病已被应用,但民间验方和独特的秘方多集中在少数方伎之手,师傅、徒弟代代相传,多是秘密地流传而不公开,要想学到医药专门技术不是件容易的事,必须拜师学医,有名师指点,才能成为济世救人的良医。

1. 拜师张伯祖

张仲景拜张伯祖为师,勤学好问,处处留心观察。张仲景一开始在药房切药,按药方抓药,他发现药方十有八九离不开甘草,可又不知这味药的作用到底有多大,于是就向张伯祖请教甘草的作用。张伯祖耐心地对他解释说:"甘草能解1200般草木毒,故有国老之称。它长于西北、东北地区,咱们中原不多。药用部分为它的根茎,性味甘平,具有调

二、勤求古训　博采众方

博采众方

和诸药、补脾益气、清热解毒、润肺止咳的功效。甘草经蜜炙则有补脾胃的作用,用于治疗脾虚、胃虚、血虚等症;甘草生用可治心火,有清热解毒之功效;还有润肺止咳的功能呢?"他听罢深感师傅对药物的配伍和功用研究之精深。张伯祖见他如此虚心好学,并已掌握了常用药草的鉴别和作用,就让他从药房到自己身边学习把脉看病下处方。从此,他跟着师傅学会了诊脉、辨证施治的方法,技艺不断提高。张仲景白天诊治疾病,晚上研读《内经》《难经》等经典著作,把学习的理论运用到临床实践中去,加深对医学理论的理解,丰富自己的临床经验。他虚心诚恳地请张伯祖传授医术,自己又留心观察,搜集了许多民间的治病验方。张伯祖看到他这样勤奋好学,才华横溢,心里有说不出的高兴,便把自己的所有本事传给了他。他也借老师的威望而扬名,患者大都找仲景把脉开方。一时间仲景的名字便响遍了南阳大地,前来诊治的患者络绎不绝。据李濂《医史》说,仲景同郡人何颙在洛阳都城,赞叹其医术说:"精于伯祖,起病之验,虽鬼神莫能知之,真一世之神医也。"

东汉社会有一股品评士人的风气,一旦经过名人的品评,很快就可以在全国成名。当时张仲景十六七岁,正值风华正茂的时期,急需从南阳走向全国,需要得到名人的品评和推荐。当时南阳有位全国知名人士,叫何颙,善于鉴别评论人物。一天,张仲景去拜访何颙,何颙久仰其名,二人交谈之后,何颙发现张仲景才华出众,立志学医,非常钦佩地对张仲景说:"你这样地热爱医学,又这样地聪明和勤奋,将来不论做官还是写诗赋文章都不一定能有多大的成就。但是你一定能成为一个有名的好医生啊!"张仲景听了以后,笑着说:"进则救世,退则救民,不能为良相,亦当为良医。"这充分说明张仲景在年轻的时候就已经成为名医了,而且志向远大。

2. 茅山道士传秘术

张仲景尽管医术高明,远近闻名,但他从来不满足于已有的知识,更加刻苦地钻研医术,博采众长,广泛搜集名家和民间的验方,并不断地总结经验,发扬光大。他只要听到哪里有好医生,或有治病的好方子,总是不顾远近,不辞劳苦地去求教学习,丰富自己的医学理论与实践。

张仲景有一位好朋友叫宁远,一天闲暇无事,到他家中下棋闲聊。

谈兴正浓,张仲景忽然望着宁远的脸的气色,半晌不说话。宁远惊问其故,他为宁远仔细诊了脉息,然后就说:"你患了消渴之症,现在初发,不宜察觉,三个月之后,头痛不眠,尿量增频,谓之上消;六月之后,饥渴难忍,小便浓稠,谓之中消;一年之后,背发疽疮而死,谓之下消。现在幸亏发现得早,还可以治疗。"于是,就为宁远开了一个药方。宁远从张仲景家中走出来,大笑不止,心中想道:"人人都说医生大惊小怪,故弄玄虚,想不到张仲景也学会了这一套。我哪有什么消渴之症啊,我且不吃他的药,等将来无病之时,来给他开个大玩笑。"于是便将药单撕碎扔掉。三个月后,宁远虽然感到有些头痛失眠,尿量增多,但他仍不在意。六个月后,病势来得厉害了,每日饥渴难忍,小便浓稠。宁远这才慌了手脚,急忙去拜望张仲景。仲景见其病状,长叹一声说:"病已进入中消,毒已入内,气血全消,非人力所能挽回了,还是早日准备后事吧!"宁远凄凄惶惶回到家中,心中非常愁闷,后悔没有听张仲景的话及时服药,心想:反正六个月后难免一死,倒不如出门远游名山大川,开心快乐半年算了。况且,他听说茅山有位道士,医术通神,只是不肯轻易给人家看病,顺便去寻访他,或许可以得救。于是,宁远变卖了家中田产,独自往深山去了。一年之后,宁远回到家里,拜访张仲景。张仲景一见宁远,不仅照样活着,而且气色极佳,脉息平和,甚至还年轻了许多,不由大吃一惊,说:"宁远,你一定遇到神人了!"宁远就把自己在一年当中,如何到茅山,如何在清玄观当僮仆,老道如何给自己治病,一五一十地给张仲景讲了个仔细。仲景听完感叹地说:"真是山外青山楼外楼啊,我与之相比差得太远了!"说罢就焚香朝茅山拜了三拜,然后对家人说:"我不能错过这个机会,决心到茅山拜师学医。"就这样他毅然离开了家乡。到了茅山,张仲景向老道士行师徒之礼,然后恭敬地对道士说:"弟子学医识药几载,能治小病而不能治恶疾,能医头痛发热而不能治疑难杂症,常常非常苦恼,不知何故?请恩师指教。"老道士侃侃而谈道:"秘方、民间验方只是器而非功,欲将利其器,必先练其功。功在医处,功靠心悟。治病千万要牢记天、地、人终为一体。医者,应上知天道,下知地理,中知人性。秘方,验方就会汇成千军万马,以抵御恶病,焉有不胜之理。"老道士看仲景有医学之才,又诚心诚意地求教学医,就把自己多年用来治疗因伤寒引起的面部红斑和下肢浮肿的验方,传授给了张仲景。

何颙评赞

茅山求教

3. 承传沈槐家技

张仲景在医学实践中深知,求教众医,博采众方,集各家之长,融为一体,灵活运用是提高自己医疗技术的一条捷径。当时一些中医为了自己的一家利益,只把医术传给自己的子孙,甚至出现了"传媳不传女"的恶习。自己的女儿尚且不传,更何况外人呢?由于医学知识和经验长期得不到交流,因而医疗水平提高很慢。张仲景对此"各承家传,始终顺旧"的风气深恶痛绝,他认为这样下去"难治大病"。他总是想方设法冲破这种不良风气的束缚,尽量把更多的医疗经验继承过来,为民众造福。

当时南阳有个名医叫沈槐,医治骨伤,药到病除,张仲景多次拜访,他都不传授医技。但沈槐已经70多岁了,还没有子女。他终日发愁后继无人,茶饭不思,觉亦难眠,慢慢就忧虑成疾了。当地郎中们来给沈槐看病都有些担心害怕,沈老先生的病越来越重,无人医治。张仲景听说后,认为这是传承他医技的好机会,就主动地到沈槐家,仔细诊脉察看,知道他是忧虑致病,马上开了一处方,用五谷杂面各1斤,抟成蛋,外层沾上朱砂,叫他一顿食用。沈槐一看这药方,心里不觉好笑,他命令家人把那五谷杂粮面做成的药丸挂在屋檐下,逢人就指着这药丸把仲景奚落一番。亲戚们来看望他时,他笑着说:"看,这是张仲景给我开的药方。谁见过五谷杂粮能治病?笑话,笑话!"朋友们来看望他时,他笑着说:"看!这是张仲景给我开的药方,谁能一顿吃五斤面?滑稽,滑稽!"同行的郎中看望他时,他笑着说:"看,这是张仲景给我开的药方,我看几十年病,听都没听说过。哈哈!哈哈!"他一心思想着这件事可笑,忧心多虑的事全抛在脑后了,不知不觉地病就好了。这时,张仲景来拜访他,说:"恭喜先生的病好了,学生斗胆在鲁班门前弄斧了!"沈槐一听,恍然大悟,既佩服,又惭愧。张仲景接着说:"先生,我们做郎中的就是为了给百姓造福,祛病延年。先生无子女,我们这些年轻人不都是你的子女吗?何愁后继无人哪!"沈槐听了,内心十分感动,立即同意收仲景为弟子,便将家传的医技和自己多年来治疗骨伤的秘方秘术毫无保留地传给了张仲景。

访贤求技

4. 拜师襄阳"王神仙"

当时在南阳郡南边的襄阳城内有个绰号王神仙的名医,长于治疗痈疽病。张仲景就到襄阳拜王神仙为师。王神仙原名王承,本是武当道观碧静道长的徒弟,碧静道长死后,他承碧静道长的奇药妙术,开始为人除疾、解救众生的行医生涯,并在师傅传给他金花散和芙蓉膏的基础上,又研制出了九一丹和内消汤,加上他所知道的镇疼丸,在诊治患者疾病时产生了很好的疗效,特别是在诊治痈疽病症上,更是独树一帜,药到病除。来找他看病的人络绎不绝。

张仲景拜"王神仙"为师学艺,白天侍奉王神仙左右,留意王神仙诊脉处方,夜间读医书,钻研医理,从不懈怠。他深知天下兵荒马乱,瘟疫流行,没有高超医术,就不能普济众生。他在拜师王神仙学医的日日夜夜里,为患者烧过水,送过茶,洗过疮布。他不管酷暑炎热,寒冷冰冻,都始终没有离开患者。他细心观察师傅的医治和患者的病情变化,每一个患者的饮食怎么样,大小便怎么样,扎针用药后有什么反应,出血用什么药,化脓用什么药,疼痛用什么药,不知不觉地便记下了大量的病例医案,从中领悟出不少王神仙治病的要领。王神仙认为仲景已学习到了自己的本领,达到了见痛知源,药到病除的境界,可以出师了。临别之际,王神仙送给他四句话:"药草处处有,就靠两只手,人人是师傅,处处把心留。"只要记住这四句话,什么困难都能克服,什么疑难杂症都能药到病除。

张仲景通过广泛地拜师学艺,博采众长,继承了大量的秘方、民间验方,积累了大量医疗诊治的经验,实践了书本上的医学理论,为他创立辨证论治理论奠定了坚实的基础。

(二)精研经典　勤求古训

张仲景勤求古训,对《内经》等经典医学理论有精深的研究。他在《原序》中说:"撰用《素问》《九卷》《八十一难》《阴阳大论》《胎胪药录》",

二、勤求古训　博采众方

襄阳事师

并平脉辨证,为《伤寒杂病论》合十六卷。"他结合自己长期积累的丰富实践经验,进一步运用辨证思维,写成了《伤寒杂病论》,创造性地提出了理、法、方、药成套的辨证论治理论,成为第一部医学理论与临床诊断治疗紧密结合的典籍。张仲景参考的医学经典,除了《内经》之外,现大都佚失,只有从出土的文物和《汉书·艺文志·方技略》的有关文献中来管窥仲景诊治和方药渊源的一斑了。

1.《黄帝内经》

《黄帝内经》是我国现存医学文献中最早的一部典籍,它比较全面地阐述了中医学理论体系的系统结构,反映出中医学的理论原则和学术思想。这一理论体系的建立,为中医学的发展奠定了基础,中医学发展史上所出现的许多著名医学家和不少医学流派,从其学术思想和继承性来说,基本上都是在《黄帝内经》理论体系的基础上发展起来的。

《黄帝内经》是西汉时代四大医学流派(医经家、经方家、房中家、神仙家)中医经派的重要代表作之一。据查证,最早提到《黄帝内经》书名的是西汉刘歆的《七略》,可惜该书早已失传。现在文献中最早记载的是东汉班固的《汉书·艺文志》,该书载有"黄帝内经十八卷"。但当时既未确切指出《黄帝内经》就是《素问》和《灵枢》,当然未见《素问》之名。《素问》之名,始见于东汉末年张仲景《伤寒杂病论》,他在《原序》中说:"撰用《素问》《九卷》《八十一难》《阴阳大论》《胎胪药录》,并平脉辨证,为《伤寒杂病论》合十六卷。"其后,晋朝皇甫谧在《黄帝三部针灸甲乙经》中,才提到《内经》包括《素问》和《针经》两部分。他说:"按《七略》《艺文志》,《黄帝内经》十八卷,今有《针经》九卷,《素问》九卷,二九十八卷,即《内经》也。"

(1)《内经》理论体系的基本思想

《内经》开创了中医学独特的理论体系,奠定了中医学的发展基础。根据医药学的发展规律以及《内经》理论内容推断,形成这一理论体系的客观基础,是以古代的解剖知识为基础,古代的哲学思想为指导,通过对生命现象的长期观察,医疗实践的反复验证,由感性到理性,由片断到综合,逐渐发展而形成的。因此,这一理论体系在古代朴素唯物辩证法思想指导下,结合人体生命活动规律,提出了许多重要的理论原则

二、勤求古训　博采众方

勤求古训

和学术观点,反映出《内经》理论体系的基本思想。

①朴素的唯物辩证法思想

其一,精气是产生和构成万物的本源。唯物主义的"精气"为万物本根的学说,是战国后期稷下道家提出来的。他们认为宇宙的本源即"精气",宇宙万物都是由"精气"产生的,它是一种极微细的构成万物的物质元素。五谷、星辰,甚至鬼神都是精气的产物,怀藏于胸中就能为圣人。由于它运流不息,充满天空、深渊、高山、大海,所以叫做"气"。庄周一派的宇宙观,虽然在总体上是唯心主义的,但也看到了气之聚散与物之生灭的关系。他们认为,无形的物质是有形物质的本根。其所以称之为无形,只是因为它在潜藏时,人们不易察觉到,但它确实是在无形中存在着的。正因为有它的存在,事物才能从无形中而变为有形。这就指出了万物就是由"惚然若亡而存,油然不形而神"的气所构成的。《庄子》的这种生死"气化"的观点,是含有朴素唯物论因素的。

万物由气构成的观点,在《内经》中反映出来,例如《素问·天元纪大论》说:"在天为气,在地成形,形气相感,而化生万物矣。"又如《素问·六节藏象论》说:"气合而有形,因变以正名。"①这不仅指出事物之形,是由"气"的聚合而成,而且还说明了事物之所以有不同名称,也正是因为气的聚合有不同的形式,并因此而定出其不同的名称。

《内经》理论不仅认为"气"是物质性的,而且认为"气"具有无限的生命力。人之所以有生命,也就是构成人体的"气"具有生命力的表现。《内经》中论述人体生命力的强弱,生命的寿夭,就在于元气的盛衰存亡;新陈代谢的生化过程,称之为气化生理;生命的现象,本源于气机的升降出入等等,都反映出气既是构成人体的基本物质,又是人体的生命动力。正如《素问·六微旨大论》说:"出入废则神机化灭,升降息则气立孤危。故非出入,则无以生、长、壮、老、已;非升降,则无以生、长、化、收、藏。是以升降出入,无器不有。故器者,生化之宇,器散则分之,生化息矣。"这就是说,人的生命活动,无非就是气升降出入的生化运动。正因为人的生命活动是气的生命力的表现,所以根据人体不同部位的气及其不同的功能表现,定出了真气、宗气、营气、卫气以及五脏之气等

---

① [清]高士宗著,于天星按:《黄帝素问直解》,科学技术文献出版社,1998年版,第75页。

不同的名称。

其二,生命的唯物观。关于生命的起源及主宰,最初多归之于"神仙"、"天帝"的创造,因而对许多自然现象,如日月、山川、雷电、雨雪、干旱、疾病、死亡等无法解释时,就认为是神仙、天帝的主宰,鬼神的作祟,这是人类早期产生的一种宗教迷信观念,历史上称之为"神权时代"。

当时人们的思想为鬼神所统治,因而在原始社会末期,专管祈祷、祭祀的"巫",也就应运而生。他们把人们幻想中的"神",加以人格化,并吸取了一定的医药经验和知识,以能和神鬼相通的姿态,用迷信、魔术的方法替人治病,这就把人的生命以及病、死归之于神鬼主宰的一种表现。

自宇宙本根认识论的"精气论",以及解释自然变化的朴素唯物辩证法的阴阳五行学说出现,特别是在春秋战国时期的盛行,人们开始对宗教迷信的神鬼观念产生了怀疑,不相信有超自然的神鬼主宰,开始按自然界本来面目来认识解释自然界的各种自然现象,并把生命科学引向唯物论的领域。古代医家在这一思想潮流影响下,同样以朴素唯物辩证法思想来总结医药经验,认识、研究、探索生命的奥秘,创立了保养精气的摄生学说,并用阴阳对立统一的观点,阐明生命活动的规律和疾病的产生、变化,倡导正邪斗争的发病观点等等。例如《灵枢·贼风》篇就有"其毋所遇邪气,又毋怵惕之所志,卒然而病者,其故何也?唯有因鬼神之事乎?岐伯曰:此亦有故邪留而未发,因而志有所恶,及有所慕,血气内乱,两气相搏,其所从来者微,视之不见,听而不闻,故似鬼神"[①]的论述。不仅否定了鬼神致病的迷信观念,而且也明确解释了由于病邪侵袭人体,是"从来者微,视之不见,听而不闻",所以疑为鬼神作祟的原因。

其三,生命的对立统一观。我国古代认识自然变化的朴素唯物论和辩证法思想——阴阳五行学说的盛行,启发当时的医学家们运用这种哲学思想,来对医药知识进行总结,对人的生命活动进行探索,从而促使了《内经》理论体系的形成。

阴阳学说,是在"气合而有形"的认识基础上,概括地解释"气"构成万物的道理。认为气分阴阳,阴阳之气的对立统一运动,推动着事物的

---

① 程士德主编:《内经讲义》,上海科学技术出版社,1984年版,第99页。

不断发展,促进万物的新生与消亡。就是说,阴阳是事物普遍存在着的既对立又统一的正反两个方面,这两方之间的相互作用,是事物运动变化发生发展的根源。古代医家就是用这种对立统一的思想,来认识、分析、研究人体生命活动规律及其与自然界的关系。

第一,形体结构的对立统一。《内经》理论认为组成人体的各种组织结构,无不存在着阴阳对立的两个方面,人的形体就是由众多的、大大小小的各种属阳的、属阴的组织器官构成的。正如《素问·金匮真言论》说:"夫言人之阴阳,则外为阳,内为阴。言人身之阴阳,则背为阳,腹为阴……"人体除了这些腹、背、脏、腑组织器官外,还有维持这些脏腑组织功能活动的物质基础。这些物质虽然以不同的形态存在,各自发挥着不同的作用,但也莫不分属阴和阳两个方面。如精与气,则精为阴,气为阳;血与气,则血为阴,气为阳;津与液,则前者行于外为阳,后者注于内为阴;就是运行气血的通路——经络,也分为阴经与阳经。由于人具有这些阴阳对立的组织结构,才能组成一个统一的整体,推动着生命的运动变化。

第二,生命活动的对立统一。《内经》理论对立统一的观点认为,人的生命活动过程,就是人体的阴阳对立两方在矛盾运动中不断地取得统一(动态平衡)的过程。例如生理活动中的营养物质与功能转化,就是一对由平衡到不平衡,在矛盾中不断求得新的平衡的阴阳对立统一的过程。正如《素问·生气通天论》说:"阴平阳秘,精神乃治。"《内经》理论体系就是运用这种对立统一的观点,来分析、解释人体生命活动的规律。"阴平阳秘,精神乃治",是人体生理活动正常的现象,如果这种现象遭到破坏,阴阳失去相对的平衡,那就是病理现象。阴阳失衡的一般表现,是阴阳的偏胜偏衰。《内经》运用这种偏胜偏衰的理论来解释病理变化。例如《素问·阴阳应象大论》说:"阴胜则阳病,阳胜则阴病。阳胜则热,阴胜则寒。重寒则热,重热则寒。"疾病的发生、变化既然是阴阳失调所致,因而协调阴阳,就成为治疗的基本原则和最终目的。正如《素问·至真要大论》说:"谨察阴阳所在而调之,以平为期。"平,就是协调,协调就是使其达到新的平衡状态。期,这里含有目的的意思。

第三,人与自然的对立统一。人与自然是统一整体对立着的两方。这相互对立着的两方,在不断地求得统一中而维持着人的生命活动,并循着生、长、壮、老、已的生命规律发展。人必须不断地从自然界获取人类赖以生存的物质,才能维持生命。最明显的是饮食与空气,如《素问·六节藏象论》说:"天食人以五气,地食人以五味。……气和而生,津液相成,神乃自生。"天供给人以五气,地供给人以五味,从而保证人体脏腑功能的正常发挥,说明人的生命活动是与自然界密切相关的。春、夏、秋、冬四时自然气候的变化,与人的生命活动也是对立着的两方,人体就必须适应四时气候变化来维持生命活动。如《素问·宝命全形论》说:"人以天地之气生,四时之法成。"可见生物之所以能生、长、化、收、藏,也就是生物本身与自然气候变化,在对立中求得统一的体现。《灵枢·五癃津液别》篇说:"天暑衣厚则腠理开,故汗出……天寒则腠理闭,气湿不行,水下留(流)于膀胱则为溺与气。"人体天暑出汗少尿,天寒少汗多尿的调节功能,就是人与自然求得统一的生理活动表现。自然界的阳气,一天之中有昼夜消长盛衰的节律,人体为了维护生存,防止病邪的侵害,就必须随着自然界阴阳气的消长运动,及时进行适应性的调整。《素问·生气通天论》说:"故阳气者,一日而主外,平旦人气生,日中而阳气隆,日西而阳气已虚,气门乃闭。"一日中,人体阳气之所以有升降出入的运动,就是对自然界阳气运动的一种适应性调节活动,实质上也就是人与自然在对立中求得统一的表现之一。阳气不仅在一日中有盛衰消长的运动,而且一年四时也同样如此。《素问·四气调神大论》所提出的"春夏养阳,秋冬养阴,以从其根",就是使人体内阴阳之气与自然界阴阳之气保持统一协调的养生方法。在病理变化上,阳盛或阴盛的患者,往往因季节的更替而加重或死亡,这就是因为不能与四时阴阳消长变化求得统一的缘故。《素问·阴阳应象大论》所说的阳盛病"能冬不能夏",阴盛病"能夏不能冬",正说明了疾病与自然四时气候对立统一的关系。

其四,生命的运动观。运动变化的观点,是《内经》理论体系的重要学术观点之一。无论对自然的认识,或是对人体的生理现象、病理变化的认识,无一不是用运动、发展、变化的观点,去认识问题、分析问题。对疾病的诊断和治疗,也是如此。《内经》理论认为整个自然界、活着的人体及疾病的发生,都不是静止不动固定不变的,而是在阴阳二气的相互作用下,不断地在运动、发展、变化。例如对自然的认识,认为天体是在不断地旋转,星球是在永恒地运动,正如《素问·六节藏象论》说:"天为阳,地为阴;日为阳,月为阴。行有分纪,周有道理。"由于日月的运行,有它一定的分野纪度和一定的轨道,因而形成了自然气候的规律性变化。所以《素问·气交变大论》说:"五运更始,上应天期,阴阳往复,寒暑迎随。"

《灵枢·营卫生会》篇说:"营行脉中,卫行脉外,营周不休,五十而复大会,阴阳相贯,如环无端。"这就是指人体内属阴的营气和属阳的卫气,是阴阳相贯昼夜不停地在人体内运行的。气血运行正常与否在脉象上就能反映出来,这就成为切脉诊病的理论根据。脉的搏动,是气血在脉道内运行的动态反应,人体脉搏不停地在搏动,正反映出气血在脉道内的不断运动。

由于人体营卫阴阳相贯的不断运动,进行着物质的新陈代谢,才能维持生命活动,使人沿着生、长、壮、老、已的生命过程发展。可见生命的本身就是一个运动不息的发展变化过程。《内经》不仅把生命看成是一个运动发展变化的整体,而且认为疾病也是在不断地发展变化的。因此,用运动变化的观点来认识分析疾病,并针对疾病发展变化的不同阶段,采取相应的治疗方法,这就是中医学"辨证论治"的理论根据。

②"四时五脏阴阳"的整体观

《内经》理论认为自然界有三阴三阳六气和五行之气的变化,人体也有三阴三阳六经之气和五脏之气的运动,而自然气候的变化,关系着三阴三阳六气和五行之气的运动。人体生理活动和病理变化,取决于六经之气和五脏之气的协调。因此,人体的生命活动与自然变化是同一道理。自然界阴阳五行之气的运动,与人体五脏六经之气的运动,是相互收受通应的,这就是"天人相应"和"人与天地相参"的整体观。正如《灵枢·岁露》篇说:"人与天地相参也,与日月相应也。"

根据这一"天人相参"的观点,《内经》把人体的脏腑组织与自然界的有关事物密切联系起来,形成"四时五脏阴阳"的理论体系。综合《内经》各篇有关内容的论述来看,它反映出构成人体的各种脏器组织,并不是杂乱无章地凑合,而是按其功能活动一定的规律、一定的层次进行着联系,形成以五脏为主体的五个功能活动系统。该系统既通过五者之间纵横两个方面进行着协调联系,维持整体性的生命活动,又通过与自然界五时五气等的联系,使机体保持着相对的稳态。

《内经》中"四时五脏阴阳"的整体观,主要表现在以下两个方面。

其一,五脏系统的联系结构。《内经》理论体系将组成形体的各种脏器,按其功能特性,概括为五脏、五(六)腑和奇恒之腑三大类,并按它们功能活动联系的规律,分别构成了以五脏为主体的五个功能活动系统。人体这一以五脏为主体的功能活动系统,是通过经脉的沟通、气血的通达、脏腑的联系来实现的,其联系系统结构如下表:

```
肝系统:肝──→胆*──→ 筋  ──→目──→爪
心系统:心──→小肠──→血脉*──→舌──→面
脾系统:脾──→ 胃 ──→ 肉  ──→口──→唇
肺系统:肺──→大肠──→ 皮  ──→鼻──→毛
肾系统:肾──→膀胱──→骨髓*──→耳──→发
       脑*         女子胞*
```
注:*为奇恒之腑

这五个系统相互之间并不是孤立的,它们也是通过经脉的络属沟通、气血的通达,进行着调节和控制,从而维持着一定的相对稳定状态,构成一个生命活动的整体。

其二,"四时五脏阴阳"的系统结构。上述五脏功能系统,还与自然界的"四时阴阳"密切联系着。四时(五时),即春、夏、(长夏)、秋、冬。由于风、暑、湿、燥、寒五气分别为五时主令之气,所以形成一年气候的温、热、湿、凉、寒的季节性气候变化,促使了生物生、长、化、收、藏的发展。故而《素问·天元纪大论》说:"天有五行御五位,以生寒、暑、燥、湿、风。"五位,即东、南、中、西、北五个方位,亦称五方。五方生五气,即《素问·阴阳应象大论》所说:"东方生风,风生木","南方生热,热生火。"五方包括五时,所谓"东方生风","南方生热",就是春季生风,夏季生热。

五气,又各有阴阳属性,风、热属阳,寒、燥、湿属阴。五气更迭主时所形成的气候变化,也就是自然界阴阳二气的升降消长运动,所以《素问·至真要大论》说:"阳之动,始于温盛于暑;阴之动,始于清盛于寒。"阳之动,指上半年的阳长阴消,所以春季为阳气初生之少阳,东方风气主令,气候由冬寒变为春温;夏季为阳气隆盛之太阳,南方热气主令,气候由春温变为夏热。阴之动,指下半年阴长阳消,所以秋季为阴气初生之少阴,西方燥气主令,气候由夏热变为秋凉;冬季为阴气隆盛之太阴,北方寒气主令,气候由秋凉变为冬寒。至于长夏,居于夏秋之交,称谓至阴,中央湿气主令,气候潮湿。

上述四时阴阳消长运动,仅是形成气候变化因素的一个方面;另一方面,如要保持各时气候的正常,五时五气之间,还必须具有横向的抑制,这就是《素问·金匮真言论》所说:"所谓得四时之胜者,春胜长夏,长夏胜冬,冬胜夏,夏胜秋,秋胜春,所谓四时之胜也。"五方五气的相互滋生又交相抑制,即促成了一年四时气候的规律性变化,这就是《内经》提出的"四时阴阳"理论。

人体五脏功能活动系统与自然界的四时阴阳消长变化是收受通应、密切联系着的。例如《素问·金匮真言论》说:"帝曰:五藏应四时,各有收受乎?岐伯曰:东方色青,入通于肝……南方赤色,入通于心……"这里的五方,概括了五时五气;入通,即收受通应的联系。《素问·六节藏象论》也有心"为阳中之太阳,通于夏气";肺"为阳中之少阴(原作太阴),通于秋气";肾"为阴中之太阴(原作少阴),通于冬气";肝"为阴(原作阳)中之少阳,通于春气";脾"为至阴之类,通于土气(长夏)"的论述。隆盛之阳为太阳,初生之阳为少阳,隆盛之阴为太阴,初生之阴为少阴,它既是五脏的阴阳属性,也是五时之气的盛衰消长,这就是"四时五脏阴阳"的理论。"四时五脏阴阳"结构模式理论是以五脏功能活动系统外应五时五气的联系方法,把人与自然统一起来,形成《内经》理论体系的结构系统,反映出《内经》理论体系"天人相应"的整体观念。

总之,《内经》理论体系的基本思想,是受着古代朴素唯物论和辩证法哲学思想影响的。"精气论"的渗透,不仅确立了《内经》理论的唯物观,而且为气化生理奠定了基础;阴阳五行学说应用于医学领域,促成了中医学运用对立统一、联系和控制的法则,来探索生命的奥秘,来分析和解释人体生理活动和病理变化的规律以及人与自然的关系,从而反映出"四时五脏阴阳"的"天人相应"的整体观。

(2)《内经》理论体系的基本内容

历代医家研究《内经》所采用的分类注释方法,实际上就是《内经》理论体系基本内容的归纳。由于仁者见仁,智者见智,因而各家的分类也就不尽相同。除有关针刺、俞穴等内容外,统括起来,不外阴阳、五行、藏象、经络、病因、病机、病症、诊法、治则、养生以及运气等11大类。

①阴阳五行学说

阴阳五行学说,是我国古代劳动人民在生活实践中,通过对自然现象的长期观察,在万物本源于气的理论基础上,用以认识宇宙、解释宇宙一切变化的一种认识论，它是我国古代朴素的唯物辩证法思想，属于古代的哲学范畴。阴阳学说认为自然界各种事物之所以能发生、发展、变化，是由于事物内部存在着相互对立的阴阳两个方面，这两方面相互作用，是事物运动、变化和发展的内在动力，这就是阴阳学说对自然事物生化极变的观点。五行学说，则认为宇宙间的一切事物，都是由木、火、土、金、水五种基本物质构成的，进一步抽象化后形成了五行学说。五行学说主要是以生克制化的理论，来说明事物在运动发展过程中的相互联系，阐明各种不同事物在发展过程中的动态平衡。

《内经》中除阐明阴阳五行学说的基本概念及内容外，还运用阴阳五行学说的理论来阐明人体的生理、病理、诊断和治疗的规律，创立了许多重要的学术观点和理论原则。如以阴阳学说来阐明人体的生理现象，就是人体阴阳两方彼消此长运动的过程，即由平衡到不平衡，再由不平衡求得新的动态平衡状态，并用"阴平阳秘，精神乃治"来概括说明。病理变化，就是阴阳动态平衡破坏后所出现的阴阳偏胜偏衰的现象，因而就将病理过程中的寒热病机，解释为"阳虚则外寒，阴虚则内热，阳盛则外热，阴盛则内寒"。在诊法上，也是以阴阳作为纲领的，如"察色按脉，先别阴阳"，将各种症候概括为阴证、阳证两大纲要。在治疗方面，则强调了"谨察阴阳所在而调之，以平为期"。

以五行学说来阐明人体的生理、病理以及人与自然的关系，主要是采用五行归类方法，将人体脏腑组织及与人体生命活动有关的周围事物，按其属性进行归类，通过归类，既运用五行的特性来阐明五脏的功能，又运用五行生克制化的理论，来论证五脏之间在功能上的联系规律。例如木的特性是升发、柔和，故肝喜条达而有疏泄的功能；火的特性是阳热、炎上，故心阳有温煦的作用；土的特性是备化，故脾主运化为生化之源；金的特性是清肃、坚劲，故肺气主肃降、收敛；水的特性是寒润、下行，故肾有主水、藏精的功能。将五脏配属于五行，用来说明五脏之间的相互滋生和交互抑制的内在联系。例如"亢则害，承乃制，制则生化，外列盛衰，害则败乱，生化大病"，就是说明五脏在生理上必须是既有相互的滋生，又有相互的抑制，方能"生化"，维持正常的生命活动。如果是有生而无制，就要亢而为害，发生病变。由于五脏之间的制化规律，因而在病变上就会出现"气有余，则制己所胜而侮所不胜；其不及，则己所不胜侮而乘之，己所胜轻而侮之"的疾病传变规律。掌握了这个规律,就为治疗或防止疾病的传变指出了治疗的方向,如"见肝之病知肝传脾,当先实脾",就是根据这个规律而定出的防止传变的治疗措施。由于五色、五音分别归属于五脏,从而为望诊、闻诊奠定了理论基础。此外,五脏外应五时的"四时五脏阴阳"的理论,是与五行学说分不开的。可见《内经》理论体系的内外环境统一整体观,主要就是通过五行学说的理论来阐明的。

②藏象学说

藏象学说,是研究人体各脏器组织及其在水谷运化、气血运行、水液代谢、精神情志活动等方面的生理活动和病理变化的规律以及这些活动规律与外在环境之间相互关系的学说。

古代医家在当时解剖知识的基础上,通过对自然界四时阴阳变化现象的观察,并联系其内在脏腑组织器官功能活动表现于外的征象,从而据象以推理,据理而验证,创立了以"四时五脏阴阳"的理论为核心的外应五时、五气,内系五脏、五腑(六腑)、五体、五官、五华等以五脏为主体的五个功能活动系统。藏象学说就是论证这五个功能活动系统相互之间及与外在环境的联系,进一步阐明在生命活动过程中所表现出的各种节奏和规律。这些节奏和规律,正反映出人体内外环境统一的整体观。所以藏象学说是《内经》理论体系的重要组成部分,是中医学发展和临床辨证论治的重要理论基础。

③经络学说

经络,是和人体脏腑有联系的又一组织结构系统,它与脏腑器官共同构成人体生命活动的基础。经络学说,就是研究人体经络系统的组成内容、生理功能、病理变化及与脏腑关系的学说。因此,它与藏象学说一样,也是《内经》理论体系的重要组成部分。

经络系统,包括了经脉、络脉、经别以及经筋、皮部等部分。虽然各部分都各自形成子系统,具有各自的功能特点,但又有共同的功能,即通行气血、沟通表里、贯通上下、联系脏腑骨节。人体各脏器组织通过经络的气血运行,不仅提供了营养物质,而且维系了它们相互间的联系,从而保证了生命的正常活动。所以在生命活动过程中,经络与脏腑是不可分割的整体,因而也有将经络学说归并在藏象学说中,视为藏象学说的重要内容。由此可见,经络系统无论在生理、病理、诊断以及治疗等方面,都有极其重要的作用,特别是针灸、按摩等临床学科,更以经络学说为其理论基础。

④病因病机学说

病因学说,是研究引起人体疾病发生的各种因素及其性质、致病特点和临床表现的一门学问。

《内经》在人与自然对立统一和形神统一观念的基础上,认识到了外在自然气候的反常变化和内在情志的刺激,是导致疾病发生的两大重要致病因素,前者称为"六淫",后者称为"七情",并根据这些病因的不同来源,将其分为阴阳两类。风雨寒暑,邪从外入,故属阳;饮食起居失节,情志变动,病由内生,故属阴。正因为病邪有从外、从内的不同,因而将疾病归纳为外感病和内伤病两大类。《内经》病因的阴阳分类,是我国最早的病因分类法,是后世"三因论"分类法的基础。

六淫,各有其不同的阴阳属性,风、暑、火为春夏主气,属阳;湿、燥、寒为秋冬主气,故属阴。由于六淫的阴阳属性不同,四时主气性质之异,因而其致病特点及临床表现也各不相同,临床上根据致病的特点和症状表现来辨别病因,称之"审证求因"。审证求因是辨证论治的主要特点之一。

七情,一般属于正常的生理活动范围,只有突然、强烈或长期持久的情志刺激,才能成为致病因素。根据不同情志伤害不同的脏腑,提出了"七情太过,反伤五脏"的理论。

上述这些致病因素的内容和理论原则,构成了《内经》的病因学说,成为临床分析疾病,探求病因,辨证论治的主要依据。

病机学说,是研究和探讨疾病发生、发展、变化的机理和规律的一门学问。其内容包括了发病和病理机转两个方面。

《内经》把人体对各种致病因素的防御能力,称之"正气",致病因素称之"邪气",疾病的能否发生,取决于正邪两方力量的对比。一般情况下,人体正气旺盛,邪气就不易侵入,或虽有邪气侵袭,也不会发生疾病;人体正气相对虚弱,不足以抵抗邪气时,邪气才能为害而致病。这种"正邪相搏"的发病观点,突出地反映了内因是发病的决定因素,外因是发病条件的发病学理论。

疾病的发生,是"正邪相搏"破坏了人体阴阳动态平衡的结果。由于阴阳失调,就会导致脏腑气机升降以及气血运行紊乱,从而产生一系列病理变化。因此,病理变化就是阴阳失调后的阴阳偏胜偏衰的变化,所谓"阳盛则热,阴盛则寒","阴阳离决,精气乃绝"等,就是用阴阳的盛衰来阐明病变规律的。

总之,尽管疾病是千变万化的,但就整个病理机转的过程来说,总不外乎正邪斗争、阴阳失调以及升降失常等几个主要方面。这几个主要方面,不仅是《内经》研究、分析疾病变化机理的主要内容,而且也是后世对病症进行辨证论治的理论依据。

⑤病症

病,是疾病;症,是症候。病症是在一定条件下致病因素作用于机体,引起人体功能失调后,有一定表现形式的病理过程。《内经》中,除了专题讨论了热病、疟病、咳嗽、风病、痹病、痿病、厥病等病症的病机、症状与治法外,还讨论了奇病、脏腑病、腹中病等多种病症的病机与治疗。据粗略统计,所论病症不下180种,可见内容是相当丰富的。

上述病症的分类,从其内容看,是以脏腑、经络、病因、病机等学说为理论根据,并以长期的临床实践为基础的。从其症候看,不外六淫病症、五脏病症、六腑病症、气血津液病症、情志病症以及其他杂病等,基本上是以病因和病位作为分类基准的。

《内经》中所论述的这些病症,有些虽然和现在临床的分型不太一致,但其对病机理论的分析、分类的原则和方法等,已成为后世的楷模。值得提出的是《内经》虽然没有明确提出"辨证论治"的治疗原则,但从它的脏腑分证、六经分证来看,却正是后世"辨证论治"理论及方法的导源。

⑥诊法

《内经》的诊法,是通过长期对生理、病理现象的观察以及大量的临床实践,总结出来的一套独特的诊断疾病的方法。它的内容包括望、闻、问、切四种诊法,简称为"四诊"。举凡患者的精神、形态、五官、齿舌、肤色、毛发、二便等,都为望诊所必察;呼吸、语言、声音、气息、嗅味等,都为闻诊所必审;居处、饮食、情志、喜恶、发病经过等,都为问诊所必询;脉象、肌肤、胸腹、手足等,都为切诊所必循。可见《内经》中诊法遍及周身上下内外,内容是相当广泛而丰富的。

《内经》的诊法,是以"有诸内必形诸外"以及"知常达变"、"从外知内"等理论为基础,是以人体生理现象和病理表现及其与外界事物的联系为依据,应用推理、反证的方法,"以常测变,从变知常",从而达到"以表知里"。《内经》的诊法,也是"天人相应"整体观和运动变化观在诊察疾病中的体现。

诊法虽然分为望、闻、问、切四诊,但在临床应用时,又特别强调将四诊结合起来,以防止诊断上的片面性,因而提出了"四诊合参"的诊法原则,正如《素问·五藏生成篇》所说:"能合色脉,可以万全。"

⑦论治

《内经》中有关论治方面的内容,大体上包括了治则、治法、制方等。其特点是在"四时五脏阴阳"的理论指导下,强调了人体内外的整体统一,从而提出了因时、因地、因人制宜的原则。

在治疗方面,提出了因势利导、治病求本、同病异治、异病同治、标本缓急、补虚泻实、寒热温清、预防与早治等原则。在治法方面,除了针灸和药治外,还涉及精神疗法以及按摩、导引、药熨、渍浴、束指、饥饿等方法,这些说明了《内经》治法的广泛性和多样性,其中有些疗法,如精神疗法、按摩、导引等,已引起中外学者的重视。

制方中所提出的君、臣、佐、使组方原则,对后世新方的创立,起到了指导的作用,至今仍为方剂学重要的理论基础。

⑧养生学说

养生,是研究增强体质、预防疾病、以达到延年益寿的理论和方法。《内经》的养生学说,突出了"不治已病治未病"的预防思想,并以"渴而穿井,斗而铸锥"为比喻,来阐明治未病的重要意义。

在养生的理论中,特别重视内因——人体的正气在防病、延年益寿中的重要作用。这种以内因为主的观点,突出表现在养生防病的方法上,重视精神情志的调节,真气的保养。如《素问·上古天真论》所说:"恬惔虚无,真气从之,精神内守,病安从来。"又如《素问·四气调神大论》提出的"使志无怒……使志安宁……无外其志……使志若伏若匿,若有私意,若已有得"等等,都是强调以内因为主的养生方法。

关于养生的具体方法,除了强调调饮食、慎起居、适寒温和喜怒等生活方面的调摄外,还在整体观念的指导下,在"四时五脏阴阳"的理论基础上,提出了顺自然四时变化的调摄方法。例如《素问·四气调神大论》所提出的春养生气、夏养长气、秋养收气、冬养藏气等,就是根据四时阴阳变化,而提出的具体养生方法。

⑨运气学说

运气学说,是研究天时气候变化及其对人体影响的一门学说。这一学说以自然界的气候变化以及生物体(包括人体)对这些变化所产生的相应反应作为基础,把自然变化现象和生物的生命现象统一起来;把自然气候变化和人体发病规律统一起来,从而从宇宙间的节律上来探讨气候变化对人体健康与疾病发生的关系,反映了"天人相应"的学术思想。

运气学说的基本内容,就是以五行、六气、三阴三阳等为理论基础,运用天干、地支所配合的甲子作为演绎的工具,来推测气候变化的规律和疾病流行的情况。由于气候变化是非常复杂的,影响气候变化的因素也是多方面的,所以它的内容涉及天体的运行、气候的变化以及人体生理、病理等各种节律。就其学科来说,除了医学外,还涉及到古代天文学、气象学、物候学、历法学以及生物学等各方面的知识。

综上所述,《内经》的理论体系,是我国古代劳动人民和医学家们通过长期观察以及医疗实践所累积的丰富经验,在古代哲学思想的影响下所形成的。由于这一理论体系的科学性和实践性,所以千百年来,它不仅有效地指导着临床实践,而且为中医学的发展奠定了基础。张仲景《伤寒杂病论》就是根据《内经》中六经分证的基本理论,创造性地把外感疾病错综复杂的症候及其演变,加以总结提出较为完整的六经辨证体系;把《内经》的脏腑、经络和病因等学说以及诊断、治疗等方面的知识有机地联系在一起;运用汗、吐、下、和、温、清、消、补等治疗方法,扩大了各方剂和具体药物的选择使用;对外感热病的产生、发展和辨证论治提出了切合实际的辨证纲领和具体的治疗措施。《伤寒杂病论》使我国医学的基本理论与临床实践密切地结合起来,从而奠定了辨证论治的基础,成为我国第一部理法方药比较完备的医学专著。

2.《难经》

秦越人,即扁鹊,据《史记》称为渤海郑人,姓秦,名越人,取《素问》《灵枢》中有关经脉脏腑的议论,发挥为《八十一难经》,其中尤以发挥经脉的内容较多,而经脉之中又以发挥脉法最有成就,为后世所称颂。故圭斋欧阳氏说:

切于手之寸口,其法自秦越人始,盖为医者之祖也。

其所言脉法,主要见于一难至二十二难。其中主要有三方面的发明:

一是独取寸口,并分为寸关尺三部。《素问·五藏别论》仅言"气口何以独为五脏主",并没有说"独取寸口",而秦越人以寸口为"脉之大会",又是"五脏六腑之所终始",故可以独取之。《素问》切脉的三部,是指头手足,不是寸关尺,偶亦谈尺脉,并未与寸相对而言,全书却没有言及关脉。《难经·二难》说:

从关至尺,是尺内,阴之所治也;从关至鱼际,是寸口内,阳之所治也。

这种提法,显然是从秦越人开始的。

二是以菽法权轻重。《难经·五难》说:

脉有轻重何谓也?然,初持脉如三菽之重,与皮毛相得者,肺部也;如六菽之重,与血脉相得者,心部也;如九菽之重,与肌肉相得者,脾部也;如十二菽之重,与筋平者,肝部也;按之至骨,举指来疾者,肾部也。故曰轻重也。

日人丹波元简《脉学辑要》解释说:

菽,小豆也。三菽者,每部一菽也;六菽者,每部二菽也;九菽、十二菽仿此。

《素问·经脉别论》说:"气归于权衡,权衡以平。"好比天平,以一菽置于一边,则一边低下若干,以比手指在脉口按下若干,所以丹波的解释还是合情合理的。总之,用菽法来说明指按的轻重,主要是说明指按之力要轻,而不宜过重,这个精神是很可取的。

三是以呼吸定息分脉的阴阳。《难经·四难》说:

脉有阴阳之法,何谓也?然,呼出心与肺,吸入肾与肝,呼吸之间,脾受谷味也,其脉在中。

呼出为阳,吸入为阴,心肺为阳,肾肝为阴,各以部位的高下而应之。一呼再动,心肺所主,一吸再动,肾肝所主,呼吸定息脉五动,闰以太息,为脾所主。所谓"共脉在中",即指脉应于阴阳呼吸之间而言。一般所谓"肺主出气,肾主纳气",即源于此。

张仲景《伤寒杂病论》中有《平脉法》和《辨脉法》两篇,论述了脉学的理论与实践,既继承了秦越人的《难经》中有关脉学的理论,又有所创新,具有理论与实践相结合的辨治特色。

3.《神农本草经》

《神农本草经》是我国现存最早的一部药物学专著,其成书年代最晚在公元1～2世纪,它较为系统地总结了汉以前及汉代的用药经验。记述较为翔实。张仲景在所著《伤寒杂病论》中,所用药物多宗《神农本草经》(以下简称《本经》)旨意,并结合前人与个人的临床经验,有所发挥。

(1)择其精华,多有创新

纵观张仲景药法,多宗《本经》旨意,既有继承,又有创新。如仲景善用甘草疗疾,据考在《伤寒论》《金匮要略》两书中,有方360首,而用甘草之方为250首,可见甘草应用之广泛。关于甘草《本经》论述为:"甘草味甘平,主五脏六腑寒热邪气。坚筋骨、长肌肉,倍力,金疮,解毒。久服轻身延年。"仲景依据《本经》论述甘草"主五脏六腑寒热邪气""解毒"的作用,在《伤寒论》中,对于邪热客于少阴经脉所致的咽痛,用甘草一味煎汤内服,以除客热,热去则病解,并在此基础上加以发挥,用甘草缓和药性(其内容包括两个方面:一为解毒;二为使峻药不伤其正),仲景运用甘草,使下而不过猛,如:在治疗阳明燥实证的调胃承气汤中,用甘草缓和大黄、芒硝峻烈之性,共同起到泻热去实、调和胃气的功效;治疗阴盛阳衰的少阴寒化证的四逆汤中,用甘草缓干姜、附子燥烈之性,协同达到回阳救逆的作用。

张仲景本《本经》甘草有"长肌肉,倍力"的健脾益气的作用,配合他药,首创具有补益气血、调养心气作用的炙甘草汤,治疗气虚血少的脉结代、心悸之证。此方一直被视为治疗气血两虚型心脏病患者的有效方剂,沿用至今。实践证明,在改善心脏病患者的症状、改变杂音方面确有一定的疗效,而方中炙甘草为君药,其健脾益气作用是极为重要的。仲景另制治疗脾胃病的甘草泻心汤,以甘草为主,配合他药,以辛开苦降之法,调理脾胃气机的升降,以调理脾胃,消痞散结,其中甘草仍起到健脾益气,缓急止痛的作用。

张仲景还依据甘草有"主五脏六腑寒热邪气"的作用,创造性地运用甘草祛除肺经寒热邪气,而止咳化痰。如在《伤寒论》中,设有麻黄汤、小青龙汤、麻杏石甘汤等止咳化痰平喘作用的方剂中均有甘草。甘草这一调和诸药、止咳化痰的作用已被现代药理研究所证明:甘草能促进咽喉及气管的分泌,使痰液易于咯出。仲景在很早以前就能发现甘草这一作用,说明仲景对药物功效应用的研究也颇为精深。

张仲景还在《伤寒论》《金匮要略》中自拟小建中汤,用于心悸而烦、腹中痛、神疲少气、素体里虚、中阳不足之证,其中甘草有温中补虚,缓急止痛之效。另设芍药甘草汤,用于大汗津伤、筋脉失其濡养而致的心烦、恶寒、脚挛急而痛之证,每能获效,其中甘草的作用在于配合芍药酸甘复阴,缓急止痛。可见仲景对甘草的应用极为广泛,方法十分巧妙,其中有不少个人的创见。

(2)用法有别,效用迥异

张仲景广择精英,勤于临床,并潜心研究,发现药物的使用方法不同,药效亦有相应的变化。如大黄,仲景在《伤寒论》治疗因表证误下,邪热内陷与无形之气相结于心下的热痞症,应用大黄黄连泻心汤时,是大黄等药以麻沸汤(即滚开的白水)浸渍后,绞汁去滓,分温再服。其中用沸水浸大黄,其意在于取大黄轻扬之气,不取重浊之味,以利于清无形之邪热。与黄连、黄芩合用以泻热和胃,除痞散结,使热去痞消病除。而在治疗里热炽盛,燥屎内结的阳明里实重证,应用大承气汤时,是将大黄后下水煎,其意在于取大黄苦寒药气厚味重,使之达到泻下燥屎、解除阳明里实的目的。同一大黄,用法有别,而收效不同:一清无形之邪热;一泻有形之燥结。

药物剂量,配伍的不同,药效亦有变化。张仲景治疗风寒外束、卫闭营郁的伤寒表实证时常以麻黄与桂枝相伍为用,起到发汗解表、宜肺平喘的作用;而治疗表实烦躁症(大青龙汤证)时多以麻黄配伍生石膏,起到发越郁阳、兼清里热的作用；治疗肺热咳嗽，常以麻黄配伍杏仁，宣肺平喘，以泻肺经之郁热；治疗湿邪，常以麻黄配生姜，以宣散水邪；治疗风寒湿痹，偏于表者，常以麻黄配川乌，以通阳开痹。由此可见，麻黄因配伍的不同，所起的作用亦有变化。这一变化在仲景常用药物如桂枝、芍药、白术、茯苓、半夏、人参、生姜、大枣等亦有充分的体现，其例证不胜枚举。而药物剂量、配伍的双重作用，对药物功效影响亦颇为明显。如仲景在麻黄汤中，以麻黄为君，量为三两，臣以桂枝起到发汗解表、宣肺平喘的作用；在麻杏甘石汤中，麻黄四两、石膏为半斤。麻黄发汗作用被石膏所抑制，而起到清宣肺热、止咳平喘的作用。这一因剂量与配伍的不同，功效发生变化的规律，在仲景《伤寒论》《金匮要略》两书中，表现得相当充分，为后世医家遣方运药提供了依据和经验。

（3）总结经验，示人规范

在《本经》中记述的不少用药法则，如"药有君臣佐使，以相宜摄合，宜用一君，二臣，三佐，五使"；"药有阴阳配合……当用相须相使者良，勿用相恶相反者，若有毒宜制，可用相畏相杀者，不尔勿合用也"；"药性有宜丸者，宜散者，宜水煎者，宜酒渍者，宜膏煎者……并随药性不得违越"；"若用毒药疗病，先起如粟，病去即止，不去倍之，不去十之，取去为度"；"疗寒以热药，疗热以寒药，饮食不消以吐下药……各随其所宜"。诸如此类，运用药物的法则，在张仲景《伤寒论》《金匮要略》中多有范例可寻。而对《本经》所未言及的药物使用剂量及使用禁忌，仲景亦摸索一些经验，具体示范，为后世医家所效仿。如仲景常用回阳救逆、温经散寒、辛温大热有毒的附子，最大剂量为二两或二枚；最小剂量约合今用丸剂0.2克、汤剂3.0克；常用剂量为一枚或一两。这一剂量与现今常用剂量相吻合，并指出本品辛温有毒，阳盛阴虚、真热假寒者忌服，用量不宜过大，多从小量开始，并依人定量，且须久煎等用法至今仍被临床医家所遵循。仲景在运用破血逐瘀、通经散瘀的水蛭时，最大剂量约合今用9.0～12.0克；最小剂量约为今用1.5～2.0克，一般剂量约合今用3.0～6.0克，与今用药稍有差异，但亦能示人以法，使之在运用中日趋精确，并提出体弱血虚、无淤血停聚及孕妇忌服，用量不宜过多的使用原则。再如补气助阳的人参，最大剂量为六两，一般用量为三两，与现今常用量相符，并指出，在使用时凡正气未虚的病症，不得用人参，恐其滞邪。

综上所述,张仲景用药不仅继承了《本经》创立的原则,且多有创新,并能给人以示范,使人有所遵循,便于应用,从而发展和补充了《神农本草经》的药物学理论。

4.《五十二病方》

《五十二病方》是长沙马王堆汉墓出土的我国迄今发现最早的以方药为主的医学著作,其成书远在《伤寒杂病论》之前。全书载病症52种,涉及内、外、妇、儿诸科。

(1)内科疾病

1)以肌肉痉挛为主症的疾病:如"伤痉、伤而痉"等。

2)以精神异常为主症的疾病:如"癫疾,各种痫,包括羊痫、蛇痫、马痫"。

3)以往来寒热为主症的疾病,如"痎(疟)"。

4)以小便不利为主症的疾病,如"癃(癃证)"。

5)以小便异常(混浊、黏稠)为主症的疾病,如"溺□沦者"、"膏溺"。

6)以阴囊肿大为主症的疾病,如"肿橐"、"癩(疝气)"。

7)肠道寄生虫病:如"朐痒(蛲虫病)"。

8)蛊病:说法不一,《说文》曰"腹中虫也";《春秋传》曰"皿虫为蛊,晦淫之所生也";《左传》曰"近女室,疾如蛊"。可能指花柳病。

(2)外科疾病

1)外伤性疾病:如"诸伤(金伤、刃伤、伤者、血出)"、"冻疮(瘃或践而瘃,足部冻疮)"、"毒乌喙(毒箭射伤)"等。

2)化脓性疾病:主要有"痈"与"疽"两类。痈有"颐痈"、"痈首"、"股痈"、"伤痈痛"等,"疽"有"骨疽"、"肉疽"、"血疽"、"气疽"、"烂疽"、"嗌疽"和"肾疽"等。

3)体表溃疡性疾病:如"□烂"、"朕伤"、"朕久伤"、"久疕"。

4)动物咬螫:如"狂犬啮人"、"犬噬人"、"蚖(腹蛇咬伤)"、"蛇啮"、"瘙(蝎螫)"、"蛭蚀"。

5)肛门疾病:"牡痔(外痔)"、"牡痔(内痔)"、"血痔"、"脉痔"、"朐痒(肛漏)"、"巢者(肛门漏管)"。

6)皮肤病:"白处"、"骚(瘙)"、"疥"等。

7）肿瘤："疣"、"马疣（眼部所生肿瘤）"、"瘿（颈瘤）"。

（3）妇产科疾病：虽只提及"婴儿索痉（子痫）"，但对病因、病状描述十分详细。

（4）儿科疾病：如"婴儿病痫（癫痫）"、"婴儿瘛（小儿惊风）"。

综观以上这些病名，虽然命名上比较直观、随意，缺乏较为一致的规范，且各种疾病之间有一定交叉，但其规模已颇为可观，部分病名对病状的描述与归纳是准确的，这反映当时的诊断学知识已较为丰富。全书现尚存完整药名、药量的方剂共189方。在这些方剂中，药物数量少则1味，多则7味，据统计：1味、2味药物组成的方剂有155方，占全部医方的82%；3味药物组成的方剂21方，占11%；4味以上药物组成的方剂只占全部医方的7%，是极少数。这一事实充分反映了《五十二病方》是方剂形成阶段的早期产物。关于方剂中的药物配伍规律，在《五十二病方》中也有了初步反映。如以白蔹为例，在该书中用以治疗疽病的就有以下4方：①白蔹、罢合治嗌疽；②白蔹、黄芪、黄芩治血疽；③白蔹、黄芪、芍药、甘草治疽；④白蔹、黄芪、芍药、桂、姜、椒、茱萸治疽。以上4方的药物配伍都是以白蔹为中心，增减其他药物而组成的。此外，方剂中还记载了药量的加减法。如在上述第4方的最后记有："骨疽倍白蔹，肉疽倍黄芪，肾疽倍芍药。"就是用调整药量来改变方剂组成的，这种加减法虽然只有1方，但却不失为"辨证施治"思想萌芽的具体体现。这也是我们能看到的张仲景以药物增减改变方剂组成的最早渊源。另外，《五十二病方》对"痉者"一病以汗祛风，体现了汗法，这说明《五十二病方》已将法与方有机地结合在一起。《五十二病方》的用法，还表现在它根据辨证分型，随证组方上。如治"癃"病，计有27方。这种一病多方的做法，体现了辨证施治的原则。可见《五十二病方》已不是盲目地以方试病了，而是在治法的正确指导下组合方剂，这是对方剂由感性认识上升到理性认识的标志，是辨证施治的初端。且剂型十分丰富，有丸、饼、曲、酒、油膏、药浆、散、炙、熨、煎、丹、浸洗、水溶等数种，用法分内服、外用两种，其中外疗法系统多样，有适用体表的熏、浴；适用创口清洗的酒、沃、泥；适于疮面外敷的傅（敷）、涂、封、安等法。《五十二病方》使用的治法，以"八法"归类，主要有汗法、温法、清法、补法。且有温汗同用、消补兼施、清消并用，体现了"法中有法"的精神。《五十二病方》早在《内经》成书以前，便应用了这么多治法，并作了"以证立法,以法制方"的实践。这充分说明了张仲景的《伤寒杂病论》是有医学方药渊源的。

5.《治百病方》

1972年,甘肃武威旱滩坡汉墓中出土了比较完整的医书木简。共分三种类型,内容涉及临床医学、药物学、针灸学等。医简的书写有一定的规则:开始写药方名称,次写病名及症状,再写药物名、分量、治疗方法、服药方法、服药时注意事项及反应等等。

比较完整的医方有30余个,包括内科、外科、妇科和五官科等,如"治久咳上气喉中如百虫鸣状卅岁以上方"、"治伤寒逐风方"、"冶金疮止痛方"、"治妇人膏药方"、"治目痛方"、"治百病膏药方"等,处方中所列的药物近百种。还有记录用针灸治疗的方法。医书木简中所抄录的都是当时的验方,也有将同一病症的不同医方并抄在一起的。这些医书木简是研究汉代临床医学、药物学和针灸学的重要资料。其中的代表医书是《治百病方》。《治百病方》对外感和内伤病进行了区别,并且运用了不同治法。如"治伤寒逐风方:附子三分,蜀椒二分……凡五物,皆冶合,方寸匕,酒饮,日三饮"。"何谓七伤?一曰阴寒,二曰阴痿,三曰阳衰……此病名内伤…桔梗十分、牛膝、续断、防风、远志、杜仲、赤石脂……凡十五物,皆并冶合……"按上述两简,前者是治疗一般感受风寒、骨节烦痛的方法,所以用蜀椒、附子等温热的散寒药,后者大抵属于性神经衰弱的一类疾病,祖国医学认为是肾虚症,所以用苁蓉、杜仲、续断等补肾的药物治疗。另外同是一种"久咳上气病",简牍中也列出不同的治法,处方用药亦不同。一简以蜀椒、桂、乌喙、姜温散寒邪,柴胡消痰下气,桔梗祛痰止咳逆,可适用于肺寒咳逆;一简则是温药及清滋并用,用于治疗肺有痰湿,痰白质黏,肺阴已虚之病。这种同病异治的方法,也是辨证施治的具体运用,而"诸癃,石癃出石,血癃出血,膏癃出膏,泔癃出泔,此五癃皆同药治之",则又体现辨证施治的另一原则——异病同治。此外,在治疗久泄肠澼一症时,根据症状的不同而调整用药分量的方法,也是辨证施治的具体运用。不过,《治百病方》虽然比《五十二病方》有了很大的进步,但又比晚出的《伤寒杂病论》朴素,显得不甚完备,代表着由《五十二病方》到《伤寒杂病论》过渡阶段的医疗水平。

值得注意的是,《治百病方》基本上与《伤寒杂病论》相似,都属于临床医疗札记性质的医方书,每一条条文列方名(或症状)、药物名称、分量、治合方法、服药方法、服药禁忌及反应等,但无涉及脉象与脉法及医学理论,这也许能为我们研究东汉时期临证方书的特点提供一些线索。另外,从其中的某些条文来看,有的简文也可能是从同时代的其他医书抄来的,如同是白水候所奏的治"七疾"(七伤)方,简文中就有两种不同的内容和治疗方剂,这可能是来自不同医家的见解和实践经验所致,而后出的《伤寒杂病论》虽然也有"五劳七伤"的内容,但关于"七伤"的具体症候则阙如,这也从一个侧面反映了东汉时期的医学临床著作,已经相当丰富,这为张仲景的《伤寒杂病论》的问世,奠定了雄厚的方药及临床医疗基础。

6.《辅行诀脏腑用药法要》

关于《伤寒论》方剂的直接来源,张仲景在《伤寒杂病论》原序中统言众方,未列出书名目,然而并非全无形迹可考,早在皇甫谧《甲乙经》自序已首次揭明:"仲景论广伊尹《汤液》为数十卷。"近年来,随着《敦煌遗书》的陆续发现,在《敦煌医书》中收载的陶隐居《辅行诀脏腑用药法要》亦有明言:"外感天行,经方之治有二旦、六神、大小等汤,昔南阳张玑依此诸方,撰为《伤寒论》一部,疗治明悉,后学咸尊奉之。"另外,陶氏又曰:"汉晋以还,诸名医辈,张玑,卫汜、华元化……皆当代名贤,咸师此《汤液经法》。"由上观之,仲景光大《汤液经法》之经方,确有实据。现将《辅行诀脏腑用药法要》所辑古经方(前者)与《伤寒杂病论》中某些方剂(后者)的对应关系列表如下:

小泻心汤第二方＝泻心汤
小补心汤第一方＝栝蒌薤白半夏汤
小补心第一方(减半夏)＝栝蒌薤白桂枝汤
泻心汤(减甘草)＝干姜黄连黄芩人参汤
小泻脾汤＝四逆汤
小补脾汤＝理中丸
建中补脾汤＝小建中汤

泻肾汤（减生姜）＝茯苓桂枝五味甘草汤

小阳旦汤＝桂枝汤

大阳旦汤＝黄芪建中汤

小阴旦汤（减生姜）＝黄芩汤

大阴旦汤（减芍药）＝小柴胡汤

小青龙汤＝麻黄汤

小青龙汤（加石膏，生姜，大枣）＝大青龙汤

小青龙汤＝小青龙汤

小白虎汤＝白虎汤

大白虎汤（加人参，减生姜）＝竹叶石膏汤

小朱鸟汤＝黄连阿胶汤

小玄武汤＝真武汤

从上表中可以看出《伤寒杂病论》中的某些用方以及用来加减化裁的"母方"，大都取自古代"经方"，对于仲景更易方名，陶隐居说："张玑撰《伤寒论》避道家之称，故其方皆非正名也，但以某药名之，以推主为识耳。"

7.《足臂十一脉灸经》《阴阳十一脉灸经》《脉法》《阴阳脉死候》《脉书》

长沙马王堆出土的14种医书中的帛书经脉四种（《足臂十一脉灸经》《阴阳十一脉灸经》《脉法》《阴阳脉死候》）及江陵张家山出土的《脉书》等，是张仲景《伤寒杂病论》中针灸疗法和脉诊法的经脉理论渊源。

《足臂十一脉灸经》《阴阳十一脉灸经》主要论述人体十一条经脉的循行走向及所主的疾病，其内容较《黄帝内经·灵枢》关于经脉的论述更古朴，因此，很有可能是《灵枢·经脉》的祖本。而且两书中脏腑的概念还极不完整，五行学说亦未渗透到医学领域之中，仅有较系统的十一脉学说及阴阳观念，它是古代医家解释生理、病理，并指导诊断、治疗（也包括药物治疗）的理论工具。

《脉法》出土时缺损过半，后由张家山汉墓出土《脉书》的内容将缺文基本补齐。观其文字，精练简略，篇幅不足400字，是在《足臂十一脉灸经》与《阴阳十一脉灸经》之后简明地向初学者介绍有关导脉、启脉、

相脉的几项重要法则。从中反映古代医家对经脉的重视和丰富认识。此外,还提出环灸、寒头暖足、取有余补不足等治疗学法则和经验。

《阴阳脉死候》内容更简,仅4行,100余字,属于诊断学的内容。内容虽简,但从中可窥测当时医家对病症尤其是危重病症的诊察水平。如文中提出三阴三阳脉与预后的关系,认为三阳脉病一般不死人,其中只有躯体严重外伤(唯折骨裂肤)才例外,三阴脉病则预后不良,其死症有五,即肉、骨、血、气、筋五死之候。这一内容后来在《灵枢·经脉》中发展成大段论述,而且三阴三阳脉还被张仲景所借鉴,发展成为三阴三阳证治系统,即流传至今仍魅力不减的《伤寒论》辨证论治体系。此外,《阴阳脉死候》中对患者危象的观察也十分细微,如提到面黑、目环视衰、汗出如丝、舌陷卵卷等危象。

马王堆帛书《脉法》是非常重要的古医学文献,可惜残损严重。而张家山竹简中的《脉书》弥补了这一缺憾,首先叙述人体各种疾病的名称,约有60余种,包括体表肌肤的疮痈,脏器功能的失常,五官、乳房等器官的病症及温、疟等以全身症状为主的疾患。其主题内容相当于马王堆帛书中的《阴阳十一脉灸经》《脉法》《阴阳脉死候》三种,也是讲人体经脉走向和所对应的病症。帛书的缺字,由于竹书的出现,基本上能够补足。竹书的《脉书》比帛书还多一些文字,最重要的是有很多病名,依从头到足的次第叙述,其间也有属于全身的疾病,有的病名可以在中医古代文献中找到。

8.《十问》《合阴阳》《天下至道谈》《养生方》《导引图》《引书》

马王堆出土医书14种,其中竹简《十问》《合阴阳》《天下至道谈》是专论房中养生的,帛书《养生方》《杂疗方》亦部分涉及性保健。

竹简《十问》假托黄帝与天师、大成、曹熬、容成分别对问以及尧与舜、王子巧父与彭祖、帝盘庚与耇老、禹与师癸等互相问答,共同讨论房中养生。其中有些是房中养生的原则规律,如黄帝与天师讨论如何顺从天地自然法则以养阴扶阳,防止阴精亏损。但更多的内容是房中保健的具体方法。如黄帝与曹熬的对话讨论了如何巩固精关,做到交接而不泻精,认为"玉闭(指阴茎)坚精",可使"百疾弗婴,故能长生"。文中还详列了交合而不泻精的九大好处(耳目聪明、意气高阳、脊胅不伤、百脉通行、通于神明等)。黄帝与容成的对话主要谈及房中气功导引的原则与方法。尧与舜的问答主要谈及节制房事问题,提出性生活不能太频繁、太匆忙,应使之"坚强而缓事之",努力做到"必乐矣而勿泻"(即只求性愉悦而不泻精)。王子巧父与彭祖的互相对话也是论及保养阴精的问题。盘庚与耇老的对话还提出房事中可吞服舌下津液,认为这样可使"精神日怡"。此外,书中还明确指出:"接阴之道,以静为强。"就是交合时应当安神定志,徐缓虚静。

《合阴阳》全文600多字,集中讨论了阴阳交合即男女交媾之事。其基本观点是提倡房中术(性技巧)应与导引术相结合。书中描述在两性交合时当模仿动物的动作来操练房中导引。如"十节:一曰虎游、二曰蝉栿、三曰斥(尺)蠖、四曰囷桷、五曰蝗磔、六曰爰(猿)据、七曰瞻诸(蟾蜍)、八曰兔骛、九曰青(蜻)令(蛉)、十曰鱼嘬。"这是古代仿生气功在房中术中的运用。尤为可贵的是,当时人们对性兴奋过程的观察是十分细致的,如女性性兴奋时会出现"乳坚鼻汗"、"下汋股湿"(前庭大腺分泌),并提出许多性诱导的方法,如"相吻相抱(亲吻拥抱)"、抚摩颈项、胸乳等。特别是《合阴阳》还提出了性交时女子阴部气味的变化特征:"一已而清凉出,再已而臭如燔骨,三已而澡(臊),四已而膏(质稠),五已而芗(谷香)……"此外,还对两性交合时的动作姿态、频率、高下、深浅、左右等作了入微的描述,并归纳成"十修"、"八动"等法则。这证明当时人对性技巧有深入的剖析。

竹简《天下至道谈》将房中术喻为高深的养生之道,并对两性生活中的损益作了系统论述,总结为"七损八益",即有八种操作程式有益身心,而有七种程式会损害健康。八益为"一曰治气、二曰致沫(吞服舌下津液)、三曰智时(选择适当的交媾时机)、四曰畜(蓄)气、五曰和沫(亲吻而吸其津液)、六曰窃气、七曰待赢(盈)、八曰定顷(倾)"。"七损:一曰闭,二曰泄,三曰渴(竭),四曰勿,五曰烦,六曰绝,七曰费。"该篇有关性技巧的内容与《合阴阳》大致相同,都是强调将房中术与气功导引相结合。书中同样采用了许多仿生动作,所模仿的动物与《合阴阳》所述基本相同。此外,该篇对女性性欲反应着墨较多,有所谓"五征"、"五欲"、"五音"特征。

帛书《养生方》与《杂疗方》中有许多内容涉及性治疗,主要论述阳痿("老不起")的治疗及如何补益与调节男女性功能等。其所述药物大致有两类:一是雄性动物的组织(如雄性动物血、雄鸡、春鸟卵、蜂螯后的犬肝、大脯等);二是辛香温燥类药物(肉桂、干姜、蛇床、细辛、乌喙、术、椒等)。从用药特点看,以食疗者居多。值得注意的是,两篇所述对性功能障碍的治疗不限于内服方,还有许多外治方,这些治疗方法构思精巧,较内治方便、实用。如以辛温壮阳药肉桂、姜、椒、皂荚等敷于脐中以激发男性性功能,或用同类药物合蜜、枣膏调制成药丸置于阴道内以刺激女性性欲等。

在马王堆出土医书中,与房中内容并行且部分交叉的另一脉是神仙术。所谓"神仙者,所以保性命之真而游求于其外者也",即养生长寿之道。马王堆出土医书中涉及神仙术的内容并不系统。散见于《养生方》《十问》等竹简中,另有帛书《却谷食气》与帛画《导引图》是古代先民们从事气功导引锻炼的珍贵资料。其中《养生方》《十问》等竹简中的养生思想与手段有顺应四时阴阳变化规律、食疗健身补益与房中补益,具体内容已在前面论及,在此不再赘述。至于帛书《却谷食气》与帛画《导引图》则专门论及气功、导引之术,是古代民众追求长命全生的重要手段。

帛书《却谷食气》原文近500字,惜因残损太甚,现今可辨认者仅270字。从其残篇内容来看,它主要记载导引行气的方法和食气的宜忌。提出要根据月朔望晦、时辰早晚及不同的年龄特征来行气,还要顺从四时阴阳变化的规律。帛画《导引图》经复原后长约100厘米,宽约50厘米。描绘了44位不同性别、年龄的人在做各种导引动作。44人分成四列,每列11人,人像高9~12厘米。所绘人物形态逼真、姿态各异,一个个都在凝神习功(见图1)。据专家分析,图中44人的动作姿态可分为三类:一为呼吸运动;二为躯干、肢体运动;三为持械运动(也可能是硬气功)。如图中有一幅标明"以丈(杖)通阴阳",所绘是一位穿裙子的女子,手持长棍,俯身弯腰,用棍棒使双上肢努力扩展,并使上半身右侧屈,左臀上抬,以便使全身气血流畅,达到调和阴阳的目的。另一幅标有"印谑(仰呼)"二字,描绘一男子挺胸直立,双臂举向后上方,正在做仰天长啸的深呼吸运动。值得注意的是,图中还标明了许多通过导引可以防治的某些疾病的名称,这表示当时气功导引术除了作为健身长寿的手段之外,还有医治疾病目的。

二、勤求古训　博采众方　69

图1　导引图（马王堆3号汉墓彩绘帛图）上绘各种运动姿态，是考古发现中时代最早的一组健身图谱。

帛画《导引图》中,还有许多模仿动物动作的导引术式。如"熊经"、"倍(鸟伸)"、"䖝(龙)登"、"沐猴灌(沐猴灌即猕猴喧呼)"、"爰嫭(猿呼)"、"䎱北(鹞背)"等,被模仿的动作有八九种之多。后来华佗的"五禽戏"正是在继承了这一仿生导引术式而编排设计的。可见,要追溯仿生气功的源头,帛画《导引图》自然是值得称道的早期文献。这说明古代先民的想像力和创造力为气功导引及医疗体操的发展作出了重要的贡献。

张家山汉墓出土的《引书》对马王堆帛书《引书》有很好的诠注。《引书》书名题写于首简的背面,每一独立段落之首简上端都书圆点,无小标题。《引书》也与马王堆帛书有一定关系。马王堆帛书中有《导引图》,早已脍炙人口,被认为是我国最早的健身图谱,在医学史、体育史上有重要意义。《导引图》绘有生动的人物形象44个。原来都有题记,不幸半数残缺。人物形象虽各具姿态,但究竟怎样运动,只凭单个图像仍难表达。整理《导引图》时,曾猜想应当有说明文字,不过图前虽有文字,却与图没有直接联系。《引书》是用文字讲述导引的专门著作,书中详细描述了导引的各种单个动作以及治疗诸般疾病的导引方法,对动作的解说相当细致。并且简文有些可与《导引图》参看。根据整理后的顺序,《引书》大致由以下五方面内容构成。①介绍四时养生要点。②对38个导引术式进行解说。③记述40余种疾患的导疗方法,其中也有几条养生保健的内容。④各种术式效用的解说,计有术式名称24种。其中有的与第二段中进行解说的术式名称相同,有的则不同,两种解说的术式名称有明显的差异,说明《引书》内容的构成,很可能是融会不同的原始著作而成。⑤与第一段内容相似的理论性解说,强调四时养生之道,导引为"利身之道"。《引书》还有一部分内容讨论疾病的原因,颇为重要。

综上所述,在张仲景《伤寒杂病论》未成书之前,我国就有《内经》《难经》《本草经》等古代医药典籍。我国医学发展到东汉时期,"辨证施治"的法则及治法中的"八法"等等,都已经被具体地运用到当时的临床医疗实践活动。"伤寒"在汉代已是一种主要的常见性疾病,伤寒专著的出现已成为当时的时代要求。方药知识到汉代已相当丰富,仅《汉书·艺文志》所载之古经方就多达290余卷,方剂数量之多,恐怕也是我们后人无法料想的。正是在这样的历史背景下,张仲景在前人"辨证施

二、勤求古训　博采众方

巨著问世

治"运用方剂的基础上,升华为"观其脉症,知犯何逆,随证治之"这一垂世名言,继承了《内经》等医学基本理论和丰富的药剂学、方剂学等医药知识,结合自己的实践,总结了汉以前的医学成就和宝贵经验,写成了《伤寒杂病论》,确立了辨证论治体系。

三、"四诊"合参　诊病求源

诊断是辨证施治的基础。张仲景综合运用望、闻、问、切"四诊",从外测内,见证知病,观察和搜集患者的症状、体征,将这些病情材料进行分析和归纳,全面了解病情,做出正确诊断,以此作为辨证施治的依据。

张仲景在《原序》中对当时医生诊断病情方法失当、草率敷衍十分不满。他说:"观今之医,不念思求经旨,以演其所知,各承家技,终始顺旧,省疾问病,务在口给,相对斯须,便处汤药,按寸不及尺,握手不及足,人迎趺阳,三部不参,动数发息,不满五十。短期未知决诊,九候曾无仿佛;明堂阙庭,尽不见察,所谓窥管而已。夫欲视死别生,实为难矣。"他提出了诊断的要领,说:"凡要和汤合药,针灸之法,宜应精思,必通十二经脉,知道三百六十孔穴,荣卫气行,知病所在;宜治之法,不可不通。古代上医相色,色脉和形体不得相失,黑乘赤死,赤乘青生。中医听声,声合五音,火闻水生,烦闷干惊;木闻金声,恐畏相刑,脾土生育万物,回动四傍,太过便四肢不举,不及便九窍不通,六识闭塞,犹如醉人;四季运转,终而复始。下医诊脉,知道病的原由,流转移动,四时逆顺,相害相生,审知脏腑的微妙。"① 由此可见,张仲景有较高的诊断技术,四诊合参,综合分析,诊病求源。他能"察断人病初起于微末,掌握生死之转机",人称他是"扁鹊再生"。最能反映他诊断技术的是他"候色验眉"的绝技。

---

① 陈邦贤:《祖国伟大的医学家——张仲景》,见唐明华、王新昌主编《医圣张仲景与医圣祠文化》,华艺出版社,1994年版,第467页。

据皇甫谧《甲乙经》序所载:大约在建安二年(公元 197 年),张仲景在荆州遇见了王粲。王粲,字仲宣,是建安七子中的首席才子。别看他油头粉面,但博闻多识,问无不对。他读过的道旁碑文,即能背诵得不错一字;看过围棋可以复局而不错一步。七八岁时,在长安拜谒鸿儒名宦蔡邕(蔡文姬之父),蔡邕竟"倒履迎之",举座为之震惊。可惜生在乱世,无法在京城施展才华,17 岁那年就投奔了荆州牧刘表。刘表重其才华,常和他宴饮酬唱。刘表死后他劝说其子刘琮归顺曹操。曹操任命王粲为丞相掾。曹操建立魏国后,任命王粲为侍中。当时王粲 20 岁左右,身体状况是"貌寝体瘦",其貌不扬而又消瘦,实际是已患染麻风病的原因。张仲景见王粲后,断定他有病。张仲景对王粲说:"依你的面部色象看,你已染上病了,而且病得还不轻,若不及早医治,恐怕性命难保啊!"王粲听后很是不高兴,心想自己青春年华,身强力壮,正值春风得意之时,何病之有?便不在乎地说道:"张先生也太炫耀自己了吧!在下怎么会染上重病了呢?"张仲景说道:"你身上的疾病潜伏力很强,应及早治疗,马上服用五石汤,或许可除病根。否则 40 岁时将会掉去眉毛,此后半年命将不保。"说着便为王粲开下药方。王粲接过药方,满不在乎地揣入衣袖中,道:"多谢先生了。"他便扬长而去,根本不相信,也没有吃药。又过了三天,张仲景见到王粲,问他吃药没有,他撒谎说:"已经吃过了。"张仲景看了他的脸色说:"你的气色根本不像吃过药的样子,你为啥如此不爱惜自己的生命呢?你一定要服用五石汤,千万不可粗心大意呀!"然而王粲仍然执迷不悟,不肯相信仲景的话。建安二十二年(公元 217 年)王粲 41 岁,果然开始掉眉毛,又过了 187 天就死去了。

关于张仲景诊断疾病准确,疗效显著的传说还很多。一是《古琴记》记载:一天张仲景到桐柏山采药,遇到一患者求治,他给患者诊脉后说:"你的腕有兽脉,这是为什么呀?"患者以实际情况对仲景说:"我是峄山老猿啊!"仲景从药袋中取出丸药让他服用,病立即就好了。第二天,这个患者肩扛一大木来到张仲景面前,说:"这是万年的桐木,仅仅用它报答您的恩情。"仲景用桐木做了两个琴,一称古猿,二为万年。二是据《神仙通鉴》载:东汉元嘉元年(公元 151 年)冬天,桓帝感染疾病,下诏命张仲景到京师洛阳给桓帝治病。当时桓帝已病 17 天,太医们束手无策。张仲景诊视后立即断定桓帝患的是伤寒病,随即投药一剂,剂量加

三、"四诊"合参　诊病求源　75

王粲讳疾

采药获琴

倍,饮用后用被褥覆盖严密,使桓帝出汗如雨,待到天明,温度已降下,全身发凉。桓帝为了感谢张仲景,欲任他作侍中,随从皇帝左右。张仲景见朝政日非,喟然叹曰:"君疾可愈,国病难医呀!"于是挂冠遁去,归隐少室山。

(一)望诊法

望诊是通过医者视觉观察搜集病情资料的方法,位于望、闻、问、切四诊之首。汉代医学家张仲景对望诊独具匠心,为中医诊断学的形成和发展作出了巨大贡献。张仲景《伤寒杂病论》中望诊的内容相当广泛,主要有望色,望形体,望姿态,望头、发、耳、目、鼻、口、唇齿、龈、咽喉、颈项,望舌,望排出痰涎和呕吐物,望大小便等,通过对人体外部的观察,诊察整体内部病变情况。

1. 望形态变化

(1)望胖、瘦

好逸恶劳、养尊处优的人,日久将形成虚胖之体,形虽肥大,但表阳虚弱,腠理不密,卫外不固,抵抗外邪能力差,易感受外邪而发病。如血痹病即为虚胖之体感受风邪所致。故《金匮要略》第六章《血痹虚劳脉证并治》说:"夫尊荣人骨弱肌肤盛,重因疲劳汗出,卧不时动摇,加被微风,遂得之。"形体由胖变瘦是患痰饮病的重要体征。痰饮病,脾虚运化不及,饮食不化精微,停而成痰,致肌肉不得充养,形体逐渐变瘦。故《金匮要略》第十二章《痰饮咳嗽病脉证并治》指出:"其一素盛今瘦,水走肠间,沥沥有声,谓之痰饮。"患者某一局部变瘦对分析病机亦有重要的临床意义。如患者全身水肿,"面反瘦",是由肾虚水肿,阴盛于下,阳衰于上所致。患者出现两腿"酸削(削瘦酸痛)不能行",为肾虚骨弱,下肢失养所致。

(2)望肿

肿的部位可见于头面、四肢、手足、胸腹、阴部等。多为水泛、风湿

挂冠遁去

侵害、热毒壅盛、气血凝滞所致。风水病,风邪上犯,开始"面目肿大","目窠上微拥(肿)"、"目下有卧蚕"状,继之出现"一身悉肿",按其手足上,陷而不起。皮水病,脾阳虚衰,运化失职,水湿阻滞脾络,出现"四肢肿"、"按之没指"、"其腹(大)如鼓"。心水病,"其人阴肿",脾水、肝水、肾水均见"腹(肿)大"。风湿病,风湿流往下肢,出现"脚肿如脱"。少阳经邪热壅聚不通,出现"耳前后肿"。

(3) 望皮肤

病态皮肤可出现"肌若鱼鳞"、"肌肤甲错"、"肉上粟起"、"瘾疹"、"痂癞"、"阴下湿"等体征。"肌若鱼鳞"、"肌肤甲错"均为气血不荣之候,"阴阳俱虚竭,身体则枯燥"。虚劳病气血虚损,运行不畅,淤血内生,妨碍新血生成;黄汗病发热日久,耗损营血,出现的肌肤甲错,皆为肌肤失养所致。瘾疹,即皮肤突然起大片丘疹,其状小如麻粒,大如豆瓣,甚则成块成片,或高于皮肤,或不高于皮肤,剧痒,时隐时现,为外感风邪所致。故《金匮要略》第十四章《水气病脉证并治》说:"风强则为瘾疹。"《金匮要略》第五章《中风历节病脉证并治》也说:"邪气中经,则身痒而瘾疹。"如水气病出现的瘾疹即是其例,若因搔抓,日久化脓流水结痂而成痂癞。

2. 望人体动静姿态

正常人体眼球、头颈、腰髋、四肢、手足活动灵活自如,动静有常。肌体患病时出现运动障碍,动静失常。临床常见以下几种体征。

(1) 嗜卧(但欲卧)

多是正气虚衰之征。如太阳病,表邪已解,正气未复时出现的"嗜卧";少阴病阴寒内盛,阳气虚衰,出现"但欲寐(闭目入睡)"。阳明中风之"嗜卧"及蛊病之"但欲卧",皆为里热炽盛,邪热郁闭,耗气伤津,正气虚衰所致。此外,热盛神昏可出现"但欲眠睡"。

(2) 不得卧

其病机为实邪壅滞胸腹或脏腑阴阳失调。如邪热壅滞胸腹、湿热内扰,出现"卧起不安";素有痰饮,复感风寒外邪,外邪引动内饮,出现"咳逆倚息不得卧";水气病水气凌心,出现"不得卧";咳嗽上气、肺痈病,痰浊壅滞于肺,肺失宣降,出现"但坐不得眠"、"喘不得卧"等皆为实邪壅滞胸腹所致。脏腑阴阳失调引起的不得卧,如寒邪外束,阳气郁闭于里不得外越,出现"短气但坐";百合病心肺阴虚,虚热上扰,出现"欲卧不能卧";肾阴不足,心火亢盛,心肾不交,出现"心中烦,不得卧";厥阴病阴寒内盛,阳脱于外,出现"躁不得卧"等。病中能否安卧可判断疾病预后。如吐血与咳嗽喘逆并见的患者,日久可致阴虚,进而出现阴不敛阳,虚阳外越。若患者"不得卧",说明阴阳将离绝。故《金匮要略》第十六章《惊悸吐衄下血胸满瘀血病脉证并治》指出:"夫吐血,咳逆上气,其脉数而有热,不得卧者,死。"

(3)㖞僻、不遂

㖞僻,即口眼歪斜,为面部患侧肌肉松弛,健侧肌肉紧张拘急,牵拉患侧肌肉所致。不遂,即半身或但臂不能随意运动。如中风病气血虚损,外感风邪,经脉阻滞,气血运行不畅,经脉失养,出现"㖞僻"、"半身不遂或但臂不遂"。

(4)目不眴

眴,《说文解字》说:"目摇也",即指眼球左右上下转动灵活自如。阴血不足,筋脉失养,出现"目直视不能眴"。痉病见直视为风邪强盛,五脏精气将绝之危候。故《金匮要略》第一章《脏腑经络先后病脉证》指出:"其目正圆(两目直视,眼珠不能转动)者痉,不治。"

(5)瞤

《说文解字》说:"目动也",即眼皮跳动。在张仲景笔下,瞤也指全身或局部皮肤肌肉不自主地掣动。"筋惕肉瞤"、"身瞤动"及黄汗病"身瞤",为阳虚不能温煦筋脉肌肤所致;"皮瞤",为阴阳气血皆虚,筋脉肌肉失养所致;肝中风出现的"头目瞤",脾中风出现的"皮目瞤",皆为风邪侵袭,筋脉肌肤拘急所致;《金匮要略》第十九章《趺蹶手指臂肿转筋阴狐疝蛔虫病脉证治》之"身体瞤瞤",为风痰阻滞肌腠所致。

(6)振、摇、栗

振、摇,即身体震颤、摇晃,站立不稳;栗,即发抖、哆嗦,亦称战栗。痉病因风邪客于肌体,风上行主动,出现"独头动摇"。正邪交争于半表半里,正气抗邪外出,出现"蒸蒸而振"。阴阳俱虚,筋脉失于温煦濡养,出现"寒栗而振"。肾阳虚衰,出现"身振振欲擗地"。痰饮壅塞,胸部气闭或肾气虚衰,摄纳无权,均可出现"息摇肩"。若呼吸困难的同时出现身体动摇不定,为气虚之极,预后多不良。故《金匮要略》第一章《脏腑经络先后病脉证》指出:"呼吸动摇振振者,不治。"

(7)颈项强急、背反张(严重者卧不着席)

颈项强急,即项背拘急,俯仰不能自如。背反张,其状为头后仰,两臂后翻,亦称角弓反张,是痉病的主要临床表现之一,为风寒之邪侵犯太阳,气血积聚,经脉不舒或热灼津液,筋脉失养所致。

(8)叉手自冒心

即两手交叉,按其胸部,为心阳虚衰不能自主所致。伤寒太阳表证发汗过多,心阳随汗液外泄,心阳不足,觉空虚无主,虚则喜按,故患者两手交叉按其胸部,以求稍安。

(9)循衣摸床

即两手不停地循衣边或床沿摸索不停,为病情危重失神之征兆。伤寒阳明病热极津枯,出现此症。

(10)脚挛急

即足趾内踡踣,不能伸直,踝关节活动受限。为阴血不足,筋脉失养所致。阴液不足、痉病热盛耗伤阴液,均可出现"脚挛急"。

3．望面部气色

患者的某些气象常在面部呈现出来。《伤寒杂病论》中见到的面部色泽症状有"面热赤而战惕"、"脸内际黄者"、"其面白脱色也"、"脉浮而面乍白乍赤"、"卫气衰面色黄,荣气不足面色青"、"时头热面赤"、"面色缘缘正赤者"、"面目及身黄"、"面色青黄,肤润者,难治;今色微黄,手足温者,易愈"、"面合色赤"、"口不仁面垢"、"其人面色赤"、"其人面少赤"等①。张仲景在《金匮要略》第一章《脏腑经络先后病脉证》中说:"以望鼻作例子,鼻头部位出现青色,说明是腹中寒冷,如果腹痛相当严重,则病情凶险。鼻头部位出现微黑色,说明体内有水气停滞。面部出现黄色,说明胸中有寒饮。面色苍白,说明血液有所亡失。假如面色微赤如妆,与当时证型不附,则是虚阳浮越的危重征象。患者两目圆睁直视,是严重的痉病,为难治之症。一般来说,面色青的多为痛症;色黑的

---

① 吴林鹏主编:《伤寒论检索》,河南科学技术出版社,1990年版,第184~185页。

多属虚劳;面色红赤多为风证;面色黄的多为排便困难;面部浮肿而油亮的,属内有留饮。"①

(二)闻诊法

闻诊主要是听患者的声音和闻患者的气臭等有无异常变化。听声音主要包括患者的语言气息、哮、喘、太息、呕吐、呃逆、嗳气等变化。闻气臭主要是闻病体气臭、口气、分泌物和排泄物等异常。张仲景《伤寒杂病论》中常见的症状有"口噤"(不能言)、"言乱"(狂言)、"谵语"(说胡话)、"郑声"(重语,反复说)、"喘"(息高)、"短气"(少气,不得息)、"哕"、"噎"(噫)、"咳"(咳逆)等。通过这些听到的外部症状,诊断整体内部的疾病。张仲景在《金匮要略》第一章《脏腑经络先后病脉证》中运用闻法诊断疾病。首先通过闻患者的语声以辨别病位。例如:患者说话时很寂静轻微,但有时突然间发出惊叫,这属于骨关节病变。患者说话时声音很低沉,而且不清晰的,这多属于心膈之间所发生的痰湿阻遏之类的病变。患者说话声音很微小,而且尖细绵长的,这多属于头痛所引起的。其次通过闻呼吸,结合望形态确定病位,辨别病情之虚实。例如:患者呼吸困难双肩随之摇摆耸动的,是由于胸中痰浊壅塞,阻滞气道所致。患者呼吸时引动肺气而致气上冲逆,常会引起咳嗽。患者张口呼吸仍觉气短的,如果是肺痿病,则常兼有口吐涎沫的症状。最后,他从吸气中辨别病位之在上中下三焦,并判断其预后的吉凶。例如:患者呼吸时困难而急促略微感觉气短的,其病变主要在中焦,如果属于邪气壅塞的实证,治疗上采用攻下法,则使邪去正安而获痊愈;如果中焦没有实邪梗阻而吸气困难短促者,这是肾元气亏,不能纳气所致,此证难治。病在上焦,见吸气浅短而急促者,多因肺气大虚,宗气衰微;病在下焦,见呼吸气深长而困难者,多为肾元衰竭,气不摄纳所致。无论病在上焦或下焦,其吸气困难属虚证者皆难治。另外,呼吸动作而全身震

---

① 张仲景著,柳术军编译:《精译伤寒杂病论》,中医古籍出版社,2003年版,第329页。

颤动摇者,这是正气虚衰至极,元气将脱,形气不能相候的虚症,故断为不治。

(三)问诊法

问诊就是医生询问,患者或患者家属的诉说,以了解病情的一种诊察方法。主要了解患者的症状,起病经过,治疗情况,生活起居,平素体质以及既往史、家族史等,目的是全面掌握与辨证有关的资料。历代医家都十分重视问诊,如《素问·三部九候论》中说:"必审问其所始病,与今之所方病,而后各切循其脉。"张仲景在《伤寒杂病论》中问患者的症状主要有"发热"、"汗出"、"恶寒"(身寒、身冷)、"身痛"(腰痛、肢节疼)、"头痛"(头重)、"咽痛"(咽烂、喉痛)、"口舌干燥"、"烦"、"烦躁"、"能食"、"渴"(饮水)、"大便难"、"小便数"、"不利清谷"、"胸满"(胸中窒、痞硬)、"腹满"(腹胀满)、"心痛"(心下痛)等。他十分重视问诊在诊断疾病中的作用。在《伤寒杂病论》第十二章《平脉法》中就提出来,一旦诊脉出现灾怪情况,必须详细问诊,究其原因。他在回答脉有灾怪是什么意思时说:"假使一个患者,脉象与症候都符合太阳病,因而给予太阳病的汤药。回家后服汤药大约一顿饭时间,患者就出现大吐,或下利腹痛等证。医师说我先前诊病时并无此证,现在忽然发生这样异常的变化,这就叫灾怪。"那么,是什么缘故导致发生呕吐腹泻呢?他回答说:"或许在前些时候,曾经服过其他的药,而现在发生了作用,所以会出现灾怪情况。"

(四)脉诊法(切诊法)

张仲景的《伤寒杂病论》包括伤寒和杂病两部分,平脉辨证是辨证论治之精髓。《伤寒论》凡22篇,其中《平脉法》《辨脉法》两篇,着重论述了脉学的理论及实践;辨六经病各篇,合398条,其中脉证并举的有135

条之多,共叙述了60种脉象(单脉18种,相兼脉42种)。《金匮要略》共3卷25篇,包括40多种疾病,脉证并举者有120余处(论述单脉18种,相兼脉51种)。此书虽非脉学专书,但对脉象的论述已基本形成体系,它既不同于《内经》的理论阐述,又有异于后世诸家之论,具有理论与实践相结合的辨治特色。

1. 脉诊法的特点

张仲景《伤寒论》《金匮要略》虽非脉学专著,但其所论脉法却极精详。脉证合参是其诊病的基本特点,更具特色的是原书所载脉法往往独以脉象阐述病机,确定病位,作诊断及鉴别诊断,建立治则方药,判断预后等等。

(1)凭脉参证论辨治

仲景重视脉证合参,在其两书中大多是脉证并举,辨治结合,其脉法特点是脉、证、治并举。如《伤寒论》第1条就说:"太阳之为病,脉浮,头项强痛而恶寒。"条文中脉证俱备,且将脉象冠以诸证之首,明确提出了太阳病的主要脉证,并列为太阳病的提纲。又如在《金匮要略》第二章《痉湿暍病脉证治》:"太阳病,关节疼痛而烦,脉沉而细者,此名湿痹。"条文同样有脉有证,且脉象指明了"湿痹"的机理。"脉沉"为里,"细主湿",在里之湿痹阻,气血不通,关节疼痛而烦,为湿痹。

可见仲景重视脉证合参,并将脉象放在重要地位,正是认识到脉是构成"证"的一个重要因素。

(2)凭脉释病机,定病位

正因为脉象可以反映脏腑经络气血的复杂变化,故仲景常以几种错综的脉象结合起来阐述病机。如《金匮要略》第一章《脏腑经络先后病脉证》载:"寸脉沉大而滑,沉则为实,滑则为气,实气相搏,血气入脏即死,入腑即愈,此为卒厥……"即是依据脉象分析卒厥的病机。"气血壅实"的病机导致了"寸脉沉大而滑"的错杂复合脉,如见此脉象就应"见微知著",早早防治于卒厥之前。又如《金匮要略》第五章《中风历节病脉证并治》:"寸口脉沉而弱,沉即主骨,弱即主筋,沉即为肾,弱即为肝。""脉沉"为病在里,主肾气不足,肾主骨;弱即为肝血不足,肝主筋。肝肾气血不足是"历节病"的内在因素。根据脉象既指出了病位所在,又揭示了"历节病"的病机。

（3）凭脉立诊断，作鉴别

据脉断病，以脉作鉴别诊断，是与张仲景丰富的临床经验分不开的。如《金匮要略》第十章《腹满寒疝宿食病脉证治》："脉紧如转索无常者，有宿食也。"脉的忽紧忽滑变幻无常，犹如绳索转动之状，是由于宿食不化停积于中，气机失调所致，故可诊断为"宿食也"。又如《金匮要略》第七章《肺痿肺痈咳嗽上气病脉证治》："脉数虚者为肺痿，数实者为肺痈。"肺痿、肺痈病位在肺，均属热，皆见数脉，但肺痿是阴虚有热，枯萎不荣，故脉见数虚；肺痈乃热聚肺溃，壅塞不通，脉见数实。病情一虚一实，迥然不同，两者根据脉象作鉴别诊断。

（4）凭脉定治则，出方药

依所有脉象定治则、方药在书中亦屡见不鲜。《金匮要略》第四章《疟病脉证并治》："疟脉自弦，弦数者多热，弦迟者多寒。弦小紧者下之差，弦迟者可温之，弦紧者可发汗、针灸也；浮大者可吐之……"从脉象的变化论述了"疟病"的病机和治疗原则，根据不同的相兼脉，分别提出了下法、温法、汗法、针灸法、吐法等治疗方法。再如《金匮要略》第七章《肺痿肺痈咳嗽上气病脉证治》："咳而脉浮者，厚朴麻黄汤主之，脉沉者泽漆汤主之。""咳而脉浮"是病近于表，邪盛于上，故用厚朴麻黄汤散饮降逆，止咳平喘；"咳而脉沉"是病在里，为水饮内聚，故用泽漆汤逐水通阳，止咳平喘。这是根据不同的脉象提出方药。

（5）凭脉探转归，测预后

凭借脉象的变化来探索疾病机理的改变，从而判断疾病的转归及预后也是张仲景脉法特点之一。如《伤寒论》第4条说："伤寒一日，太阳受之，脉若静者，为不传；颇欲吐，若躁烦，脉数急者，为传也。"文中"脉静"是与伤寒表证症状相符，如病邪尚在太阳，没有传入他经，反之则为病邪发展，传入他经了，这是判断传经与否的根据。

《金匮要略》第二章《痉湿暍病脉证治》说："太阳病发热，脉沉而细，名曰痉，为难治。"痉病脉沉而细是正气不足，无力抗邪之象，预后不良，故曰"难治"。《金匮要略》第十二章《痰饮咳嗽病脉证并治》："久咳数岁，其脉弱者可治……"久咳正气已虚，脉弱与证相符，故曰"可治"。这两条是指出了病的轻重及治疗的难易。

又如《伤寒论》第23条，从脉象的变化上论述了太阳病日久不愈的几种转归,其中"脉微缓者为欲愈也",说明了太阳表郁不解而脉象调匀和缓,知正气有来复之兆,邪气有外出之机,故"欲愈"。同样《伤寒论》第 271 条说:"伤寒三日,少阳脉小者,欲已也。"少阳病脉小为邪气退,故知病"欲已"。这两条是据脉言病之趋向好转。

疾病至危重阶段往往复杂多变,甚至出现假象,此时脉诊是辨证之关键。张仲景根据脉象生机之有无,还与不还、暴出、微续、脉证符否等信息来判定其结局之善恶。《伤寒论》中指出,阳明腑实危重证"脉弦者生,涩者死";少阴阴盛戴阳证服白通加猪胆汁汤后"脉暴出者死,微续者生"。《金匮要略》中论五脏死证均以脉象来预测。

(6)凭脉分阴阳,论病症

阴阳学说不但是辨证的总纲,而且也是辨脉之总纲。张仲景首先将脉象分为阴脉阳脉,然后借以辨别阴证阳证。如,《伤寒论》第十一章《辨脉法》问曰:"脉有阴阳,何谓也?答曰:凡脉大浮数动滑,此名阳也;脉沉涩弱弦微,此名阴也。凡阴病见阳脉者生,阳病见阴脉者死。"又如"问曰:脉有阳结阴结者,何以别之?答曰:其脉浮而数,能食,不大便者,此为实,名曰阳结也……其脉沉而迟,不能食,身体重,大便反鞭,名曰阴结也。"可见张仲景脉法应用阴阳的大体,首先以脉象分阴阳。如浮大数动滑为阳脉,沉濇弱弦微为阴脉。所谓阳脉,即以脉来有力,较平脉有余,为太过之脉;所谓阴脉,即脉来无力,较平脉不足,为不及之脉。有余之脉,多为阳证实证;不足之脉,多为阴证虚证。其次,诊脉部位分阴阳,以寸脉为阳,尺脉为阴。寸主上焦,尺主下焦,如寸口微,上焦阳不足,无以温煦肌表,故恶寒;尺脉弱,下焦阴不足,阴虚而发热,据此可诊为阴阳俱不足,而致恶寒发热。还可以浮沉取法分阴阳,如阳浮而阴弱,辨寸口脉之浮沉,浮取为阳,沉取为阴,阳浮则为卫气强,故见发热,阴弱则为营气虚,阳不敛汗,故汗自出。总之,阴阳用之于脉法,可分脉象之阴阳、症候之阴阳、取脉部位之阴阳、取法浮沉之阴阳,从而辨别病在表、在里、在气、在营、在上、在下等不同情况,故阴阳为脉法之总纲。

(7)凭脉参四时,重相应

四时气候之变化,对人体生理病理有着一定的影响,脉象也有相应的变化关系,这种天人相应的观点,是中医整体观的内容之一。《内经》对此论述甚为详尽,张仲景在《伤寒杂病论》中,对因时辨脉的思想也有论述。如《伤寒论》第十二章《平脉法》曰:"春弦秋浮冬沉夏洪。"又云:"问曰:二月得毛浮脉,何以处言至秋当死?师曰:二月之时,脉当濡弱,反得毛浮者,故知秋死。二月肝用事,肝属木,脉应濡弱,反得毛浮者,是肺脉也,肺属金,金来克木,故知至秋死。他皆仿此。"从而体现了应时辨脉的特点。

由于四时气候不同,人体五脏各有当旺之时,故五脏气血盛衰于脉中亦可察见。四时脉象有微小的变化,这是正常的生理现象。如春主肝,其脉微弦;夏主心,其脉微洪;秋主肺,其脉微浮;冬主肾,其脉微沉。反之,若脉与四时不相应,有太过不及或相克脉象则为病脉,并可根据脉象以判断疾病之轻重和预后之吉凶。如春见纯弦无胃气之脉,为太过,是肝之真气伤,故预后不良;夏脉来微弱,脉去反大,为正气不足,邪气反胜,其病在里。凡此,皆说明五脏正常脉象受四时之气的影响。因此,无论外感或内伤病对脉象的判断,理应考虑四时不同气候对脉象产生的影响。

2.诊脉法的类型

(1)寸口诊脉法

独取寸口诊脉法出于《素问·五脏别论》。张仲景在《伤寒杂病论》中,凡提到寸口脉或单提脉象者,皆属于诊寸口之脉法。其中不但在脉象上有充分的发挥(如提到20种脉象及50多种兼脉),而且在诊脉方法上,亦进一步突出了寸关尺三部及浮中沉九候取脉法。如《伤寒论》第十二章《平脉法》曰:"问曰:脉有三部,阴阳相乘,营卫血气,在人体躬,呼吸出入,上下于中,因息游布,津液流通,随时动作,效象形容……脉有三部,尺寸及关,荣卫流行,不失衡铨……三部不同,病各异端,大过可怪,不及亦然。"此段突出了寸口脉的诊法及其意义,反映了五脏六腑、上中下三焦之病变。

(2)趺阳诊脉法

趺阳为足阳明胃脉,在足背冲阳穴处。胃为后天之本,诊趺阳脉可以候知脾胃之气。张仲景在《伤寒杂病论》中应用趺阳诊脉法者甚多,常见脉象有13种,即浮、数、浮数、浮芤、浮涩、沉数滑、滑紧、微紧、紧数、微弦、伏、伏涩等。不同脉象,主病各异。如《金匮要略》第十三章

《消渴小便不利淋病脉证治》曰:"趺阳脉浮而数,浮即为气,数即消谷而大坚;气盛则溲数,溲数而即坚,坚数相搏,即为消渴。"又如《伤寒论》第247条曰:"趺阳脉浮而涩,浮则胃气强,涩则小便数,浮涩相搏,大便则硬,其脾为约,麻子仁丸主之。"《伤寒论》第十二章《平脉法》曰:"趺阳脉滑而紧,滑者胃气实,紧者脾气强,持实击强,痛还自伤,以手把刃,坐作疮也。"以上趺阳脉的不同表现,直接反映出了脾胃疾患的病理变化。

(3)少阴诊脉法

少阴脉指足少阴肾脉,位于太溪穴处。少阴肾为阴阳气血之本。《素问·三部九候论》中有"下部地,足少阴也"之论。但亦有指手少阴心脉者,其位在神门穴,脉之可候心气盛衰,《素问·三部九候论》有"中部人,手少阴也"之谓。少阴脉常见有细、紧、沉、滑数、弱涩、浮弱等6种脉象,甚者则现其脉不至。少阴心肾,为人体生命之根,病则精气虚损,如《金匮要略》第十四章《水气病脉证并治》曰:"少阴脉细,男子则小便不利,妇人则经水不通。"又如《伤寒论》第十二章《平脉法》曰:"少阴脉不至,肾气微,少精血,奔气促迫,上入胸膈,宗气反聚,血结心下,阳气退下,热归阴股,与阴相动,令身不仁,此为尸厥。"可见诊少阴脉象,可辨心肾之气的盛衰。

(4)寸口趺阳诊脉法

寸口主五脏,为脉之大会;趺阳主脾胃,以候中焦。故寸口和趺阳脉合诊,即可诊断五脏之候,特别是心肺之气血的有余与不足和脾胃之气的强弱。二者合参,更为全面,辨证亦更准确。如《金匮要略·水气病脉证并治》曰:"师曰:寸口脉迟而涩,迟则为寒,涩为血不足。趺阳脉微而迟,微则为气,迟则为寒。寒气不足,则手足逆冷……腹满肠鸣……"可见心肺俱虚,气血不足,则寸口脉迟而涩;脾胃气衰,则趺阳脉微而迟,又感于寒,阳不外达,则手足逆冷,阴寒内盛则腹满肠鸣,甚者影响膀胱而小便不利。

(5)趺阳少阴诊脉法

趺阳主脾胃,少阴主心肾。趺阳与少阴脉对比诊脉法,可察后天之本与先天之根的强弱。如《伤寒论》第十一章《辨脉法》曰:"趺阳脉浮而涩,少阴脉如经者,其病在脾,法当下利,何以知之?若脉浮大者,气实血虚也,今趺阳脉浮而涩,故知脾气不足,胃虚也;以少阴脉弦而浮才见,此为调脉,故称如经也。若反滑而数者,故知当屎脓也。"本段说明跌阴脉浮而涩,是脾胃气虚,故见下利之证,若是浮而大,当为有热,故应鉴别。同时少阴脉正常,为下焦无病。如果少阴脉出现滑而数之象,为下焦湿热伤及血络,故见下利脓血,自非中焦有热所致。

(6)寸部尺部对比诊脉法

寸口脉又分为寸关尺三部,因寸关尺三部脉象所主脏腑不同,故寸部与尺部相对比,对分别脏腑的不同病症,亦具有一定的意义。常见的脉象主病有数种,如寸尺脉平为缓,《伤寒论》第十一章《辨脉法》曰:"阳脉浮大而濡,阴脉浮大而濡,阴脉与阳脉同等者,名曰缓。"寸为阳,尺为阴。寸尺相等,无大无小,脉来和缓,不疾不躁,故为缓脉,即正常之象。又如有寸微尺弱,寸浮数尺涩,寸尺俱浮,寸微尺紧,寸浮尺涩,寸沉尺微以及寸尺脉独见等不同的情况,各自反映五脏六腑表里、寒热、虚实不同的病变,从而指导着辨证论治。

(7)诊尺脉法

单诊尺脉多候下焦疾病,特别是对肾及妊娠等的病理反应,有着重要的参考意义。如《金匮要略》第二十章《妇人妊娠病脉证并治》篇有对尺脉小弱的论述:"妇人得平脉,阴脉小弱,其人渴不能食,无寒热,名妊娠,桂枝汤主之。"育龄妇女,身无大病,但见呕吐,不欲饮食,无寒热见证,为妊娠恶阻,即所谓"身有病而无邪脉"。只见尺脉小弱为妇人胎气始成,经血养胎,胎气未盛之故,宜以桂枝汤化气调营,使脾胃和,胎气自安。妊娠多见滑数之脉,此处尺脉小弱,乃妊娠恶阻之征。

(8)尺脉跌阳诊脉法

尺脉主下焦,主候肾;跌阳主中焦,候脾胃。故以尺脉与跌阳对比,可诊断脾胃及肾的疾患。如《金匮要略》第十五章《黄疸病脉证并治》篇曰:"……尺脉浮则伤肾,跌阳脉紧则伤脾,风寒相搏,食谷即眩,谷气不消,胃中苦浊,浊气下流,小便不通,阴被其寒,热流膀胱,身体尽黄,名曰黄疸。"尺脉浮为肾虚有热;跌阳脉紧为寒盛伤脾,脾湿内停,湿热相搏,则为黄疸。

(9)诊关脉法

关脉主中焦脾胃,故对诊断中焦脾胃病有一定的参考价值。如《伤寒论》第154条曰:"心下痞,按之濡,其脉关上浮者,大黄黄连泻心汤主之。"关脉以候脾胃,浮脉又主阳热,故法以清热主治。又如《金匮要略》第九章《胸痹心痛短气病脉证并治》篇曰:"胸痹之病,喘息咳唾,胸背痛,短气,寸口脉沉而迟,关上小紧数,栝蒌薤白白酒汤主之。"寸口脉沉而迟为胸阳不振,痰饮上乘;关上脉小紧并见,为中焦痰饮积聚,故为胸阳闭阻。治以宣痹通阳,栝蒌薤白白酒汤为宜。

总之,《伤寒杂病论》诊脉法,理论充实,诊法多种,紧密结合实践,内容十分丰富。

(五)四诊合参

张仲景在诊断病情时,常常是望闻问切四诊合参,从而作正确的病情判断。他在《伤寒杂病论》第十二章《平脉法》中用四诊合参的办法识别和处理诈病。他说:"患者家属来请时说,患者发热烦扰得很厉害。第二天医师到患者家,看到患者面向墙壁而卧,这是热已退去,即使脉尚未和,亦可以断言此病即将痊愈。假使患者向壁而卧,听说医生来到,并不惊慌起身,却以目怒视,几次欲说病情却又不说,给他诊脉时,吞咽唾沫的,这是伪装的假病。假使脉正常,可故意断言此病非常严重,必须服用大吐大下的药物,并须针灸数十百处之多,才能痊愈。"他从望诊、闻诊、问诊中而察知病情。他说:"医生诊脉时,患者打呵欠的,这是没有病。诊脉时患者呻吟不断的,是有病的表现。讲话迟钝不灵活的,这是属于风病。患者先摇头而后讲话的,这是里有疼痛。行动迟缓的,是邪气侵表而强急不和。坐着而俯伏的,是中气不足而呼吸短促。坐着要伸下一只脚的,是腰疼。用手按护着上腹部,好像抱着鸡蛋一样而不肯放手的是心胃部疼痛。"

(六)鉴别诊断法

《伤寒杂病论》对病症的鉴别诊断方法灵活多样,张仲景根据辨别不同病症之需要,采取相应的鉴别方法,以使诊断准确,治疗恰当,其方法主要有比较、反证、排除、试探等法。

1. 比较法

比较法是通过对不同或相仿症候的对比分析，以确定疾病同异关系的一种辨病辨证的方法。张仲景主要从以下三个方面进行比较。

（1）主证对举

主证是疾病病理变化的特征性外在表现，是诊断疾病的基本元素，《金匮要略》通过对同一病症或相似病症主证的对举比较，抓住关键性的症状、体征来进行分析比较，从而辨证诊断。例如《金匮要略》第十章《腹满寒疝宿食病脉证治》曰："病者腹满，按之不痛为虚，痛者为实，可下之……""腹满时减，复如故，此为寒，当以温药。""腹满不减，减不足言，当须下之，宜大承气汤。"同为腹满病通过按之痛与不痛、腹满减与不减的主证对比来判断其虚实。在相似病症的诊断上，张仲景强调审主证，通过主证对比而鉴别疑似，以明确诊断。如《金匮要略》第七章《肺痿肺痈咳嗽上气病脉证治》曰："寸口脉数，其人咳，口中反有浊唾涎沫者何？师曰：为肺痿之病。若口中辟辟燥咳，即胸中隐隐痛，脉反滑数，此为肺痈，咳唾脓血，脉数虚者为肺痿，数实者为肺痈。"肺痿、肺痈的病变均在于肺，属热，均有咳嗽、脉数的症状，但肺痈是阴虚有热。枯萎不荣，肺痈是热聚肺溃，壅塞不通。通过主脉对比，病情一虚一实，迥然不同，诊断自明。又如《金匮要略》第五章《中风历节病脉证并治》曰："夫风之为病，当半身不遂，或但臂不遂者，此为痹。脉微而数，中风使然。"中风与痹证虽都有肢体不能随意运动的症状，但中风的主治为半身不遂、口眼歪斜，这是突然中风后风邪入中经络的主要症状。假如仅见某一侧肢臂不遂，且伴疼痛者则属于痹证，病因于风寒湿邪杂至，经脉闭塞不通所致。总之，主证对举之法是张仲景鉴别诊断中最主要的方法之一，也是其基本的辨病方法。

（2）脉象对比

《金匮要略》的脉法是鉴别诊断的重要方面，通过脉象变化的对照比较来判断疾病的病因、病位、病机，从而指导辨证，指导治疗，推断愈后，如《金匮要略》第一章《脏腑经络先后病脉证》曰："病人脉浮者在前，其病在表；浮者在后，其病在里，腰痛背强不能行，必短气而极也。"同一脉象，若出现的部位不同，主病也就不同；在一般情况下，脉浮是病邪在表的反应,但必须是浮脉见于寸部,因寸部属阳主表,故寸脉浮,其病在表,是正气抗邪于表的现象。如果浮脉见于尺部,因尺部属阴主里,故尺脉浮,其病在里,一般是肾阴不足,虚阳外浮,阳气不能潜藏的现象。此为通过脉象出现部位的前后比较而判断病情的表里虚实。又如疟病的病机,为邪搏少阳,其脉多弦,但由于患者的体质和发病的原因不同,故疟病有寒热多少之别,因此,通过脉象的弦数、弦迟、弦紧的变化而区分之。《金匮要略》第十二章《痰饮咳嗽病脉证并治》曰:"脉双弦者寒也,皆大下后善虚,脉偏弦者饮也。"脉双弦指双手六部脉弦,是因用苦寒攻下之药太过,里阳损伤,全身虚寒所致;脉偏弦,指单手脉弦,为饮邪主脉。饮为阴邪,最易伤人阳气,饮邪停留于体内某一脏器局部,则一侧阳气受阻,气血不畅故一侧脉弦。通过双手脉与单手脉弦的不同来鉴别痰饮与全身虚寒证。《金匮要略》第七章《肺痿肺痈咳嗽上气病脉证治》曰:"咳而脉浮者,厚朴麻黄汤主之,脉沉者,泽漆汤主之。"同为咳嗽、气喘之证通过脉象的浮与沉来区别病位病机。脉浮本主表,咳而脉浮可知病机是病近于表而又邪盛于上。咳而脉沉,沉为在里,亦为有水之征,故可知其病机为水饮内停,喘咳身肿。病位病机不同,因此治疗也异。

(3)病因比较

通过对疾病发生的先后及临床症候表现的对举比较,从而对疾病的病因病机进行鉴别诊断的方法。如《金匮要略》第十四章《水气病脉证并治》曰:"问曰:病有血分水分,何也?师曰:经水前断,后病水,名曰血分,此病难治;先病水,后经水断,名曰水分,此病易治。何以故?去水,其经自下。"通过分析经闭与水肿发生的先后来判断病在血分、水分。先经闭而后水肿的,是淤血阻滞水道所致,称为血分。血分深而难通,血不通则水不行,故曰难治,在治疗时就不能单纯治水,而是应该考虑先治血病,后治水病;先病水肿而后经闭的,是水液阻滞血道所致,称为水分。水分浅而易行,水去则经自下,故云易治。在治疗时就应先治水病,水去则经血自通,病亦痊愈。又如《金匮要略》第十六章《惊悸吐衄下血胸满瘀血病脉证并治》曰:"下血,先便后血,此远血也,黄土汤主之。""下血,先血后便,此近血也,赤小豆当归散主之。"在便血的诊断中,根据大便与出血的先后来推断出血的部位的远近,进而诊断病因属虚属实,给予恰当的治疗。若先大便,便后出血,血来自直肠以上的部位,称为远血,多由中焦脾气虚寒、统摄无权而血下渗所致,治宜黄土汤温脾摄血。下血,若先血后便是为近血,其证多因湿热蕴于大肠,迫血下行所致,治宜赤小豆、当归散清热解毒,凉血利湿。《金匮要略》第十七章《呕吐哕下利病脉证治》曰:"先呕却渴者,此为欲解。先渴却呕者,为水停心下,此属饮家。"根据呕与渴的先后判断其病因所在。在痰饮病中,先呕后渴,则饮随呕去,故为欲解;若先渴后呕,饮水过多,则水停心下,故属饮家。

2. 反证法

根据病症的某些特征性表现和发生发展规律,反证其非彼症而属此症的辨析方法。张仲景在《金匮要略》中主要通过以正测邪反证法、知常达变反证法和以方剂功效反证的方法,对疾病进行鉴别诊断。

(1) 以正测邪反证法

根据正常的生理变化规律,对患者临床表现进行鉴别,以判断其非正常而为异常、病态的方法。如《金匮要略》第一章《脏腑经络先后病脉证》曰:"师曰:寸口脉动者,因其王时而动,假令肝王色青,四时各随其色。肝色青而反色白,非其时色脉,皆当病。"人体的内在环境与外界的环境是相适应的。人体的脉搏、气色变化,一般随着五脏所主的时令不同而有所变化。如肝气当令的春季,其脉弦、色青;心气当令的夏季,其脉洪、其色赤等。如此,时、色、脉相应,方谓之正常无病。反之,则为有病之征。如肝气当令的春季,色应青而反白,心气当令的夏季,色应赤而反黑,脉应洪而反沉等,都属于不正常的现象。所以说:"非其时色脉,皆当病。"在此,张仲景强调掌握正常生理变化规律是进行鉴别诊断的基础。

(2) 知常达变反证法

根据疾病发生发展的基本规律和特征反证其为某病而非彼病的方法,如《金匮要略》第十四章《水气病脉证并治》说:"太阳病,脉浮而紧,法当骨节疼痛,反不疼,身体反重而瘦,其人不渴,汗出即愈,此为风水。"风水初起与太阳伤寒证在症状上均有恶寒、发热、头项强痛、脉浮紧等证,但太阳伤寒之证为风寒束表,太阳经脉不利,故法当骨节疼痛,而风水脉虽浮紧但骨节不痛,而身体却沉重而酸楚,这是水湿内盛阻碍气机之候,故以二个"反"字来说明风水与太阳伤寒表证的区别,以示后学者不可误诊。又如《金匮要略》第十三章《消渴小便利淋病脉证并治》曰："男子消渴，小便反多，以饮一斗，小便一斗，肾气丸主之。"消渴乃口渴消水之谓，多因燥热伤津，津亏而口渴消水，津亏通常小便应少，现患者口渴消水却小便反多，且为"饮一斗，小便一斗"。由此可知此消渴非燥热伤津而为命门火衰，不能蒸腾津液以上承故消渴，同时肾虚不能化气以摄水，使饮入之水，直趋膀胱而小便反多，治宜温补肾阳，蒸津化气，方用肾气丸。知常达变反证法是张仲景对于疾病鉴别常用之法。仲景在行文时常用"反"字来说明某证与彼证的区别，同时揭示后人要知常达变、广泛搜集病情，不可固执一症一脉以诊断疾病，应重视鉴别疑似，从而明确诊断。

（3）以方剂功效反证法

某些类似病症，单从其症状描述来看差别不大，但实际上其病因病机、治疗迥异。对此张仲景并未直叙其他症状，学者可由其方剂功效推论其主治属何种病症。如《金匮要略》第十四章《水气病脉证并治》曰："气分，心下坚，大如盘，边如旋杯，水饮所作，桂枝去芍药加麻辛附子汤主之。""心下坚，大如盘，边如旋杯，水饮所作，枳术汤主之。"二者症状描述相同，病因皆为"水饮所作"但前者用桂枝去芍药加麻辛附子汤治以温阳散寒、通利气机、宣行水饮，其病机主要由于心肾阳虚、阳虚阴凝，水饮寒邪不化、搏结于中所致，病位主要在心、肺、肾，病情较重。而后者则用枳术汤主之，方中枳实行气消痞，白术健脾祛湿化饮，二药可共达脾气健、气滞行、饮邪化的功效。因此其证虽于前者同，但病机却属脾弱气滞，失于转输，致水饮内聚，痞结于心下而致，其病位在于中焦脾胃，病情较轻。又如《金匮要略》第十三章《消渴小便利淋病脉证并治》曰："脉浮，小便不利，微热消渴者，宜利小便，发汗，五苓散主之。""脉浮发热，渴欲饮水，小便不利者，猪苓汤主之。"二者俱有小便不利、渴欲饮水、脉浮发热的症候，但其病机则不相同，前者为邪热初入与水结于下而阴未伤；后者是热入已久，水热互结而阴已伤，故而前者用五苓散以化气利水，后者用猪苓汤以滋阴利水。以上皆同病异治之例，但也说明通过方剂功效以提示后学者注意区别类似病症的病因病机，以治病求本。

3. 排除法

排除法即排他诊断，也就是列举某些不曾出现的具有鉴别意义的特征性症状,以排除某些病症,从而确定诊断的一种辨析方法。张仲景主要运用以下两种排除诊断法。

(1)列举阴性症状排除法

即在叙述若干阳性症状的基础上,再列举具有鉴别意义的几个阴性症状,以排除某些病症,从而确定诊断的一种方法。如湿病中,张仲景在论述寒湿在上"其脉大"时,强调"自能饮食,腹中和无病"来说明大脉虽阳明病主脉,但"自能饮食,腹中和无病",则知湿邪并未传入于里,故此时脉大,是病邪在上之征。同样,在论述湿病风湿在表而表阳虚证时讲道"伤寒八九日,风湿相搏,身体疼烦,不能自转侧,不呕不渴,脉浮虚而涩者,桂枝附子汤主之"。伤寒八九日,按病邪传变规律当有所传变,但却无呕、渴见症,说明病邪在,虽八九日仍不解,因呕仍邪传少阳之见证,渴乃邪传阳、化热伤津之征象。不呕不渴也说明湿邪并未传里犯胃,未郁而化热。病不解之因,是由于风、寒、湿三气合邪,互相抟聚,经脉不利,故见身体疼烦、不能自转侧。又如论述虚劳气血两虚脉证时强调"无寒热"说明病为气血两虚而非阴阳两虚;论述瘀血脉证时也强调"无寒热"以排除外感的病因。通过列举阴性症状来排除某些病症的诊断方法,在《金匮要略》中是很常见的,也是仲景鉴别诊断的主要方法。

(2)比较排除法

即对某些疑似病症,就彼证不应出现的症状与此证比较,从而肯定此证的辨析方法。如张仲景在《金匮要略》第二十章《妇人妊娠病脉证并治》论述病症与妊娠的鉴别时讲道:"妇人宿有症病,经断未及三月,而得漏下不止,胎动在脐上者,为症痼害。妊娠六月动者,前三月经水利时,胎也。下血者,后断三月衃也……"在此通过前三月经水利否、停经后胎动情况比较后,排除其为正常妊娠,而是素有病症,淤血内积而致经水不利,血不归经之漏下病,故而提出"所以血不止者,其症不去故也,当下其症,桂枝茯苓丸主之"的治疗方法。

4. 试探法

即对于不典型或较复杂的病症一时难以明确诊断的,可先提出有根据的假设诊断,然后进行试探性治疗,以协助明确诊断的鉴别方法。张仲景在《金匮要略》第十二章《痰饮咳嗽病脉证并治》论述"膈间支饮"重证的治疗时，用木防己汤主之，通过服药后的情况来判断饮邪结聚是否消散及病机的变化。讲道："虚者即愈，实者三日复发。复与不愈者，宜木防己汤去石膏加茯苓芒硝汤主之。"此处"复与"就是用木防己汤进行试探性治疗，以了解病情的变化。"不愈"说明病机已发生了转变，非木防己汤所胜任，故在原方的基础上去石膏之辛凉，加茯苓以导水下行，芒硝以软坚破结，方能符合病情。又如《金匮要略》第二十章《妇人产后病脉证并治》曰："产妇腹痛，法当以枳实芍药散，假令不愈者，此为腹中有干血著脐下，宜下瘀血汤主之……"此条论述产后腹痛的论治，妇人产后腹痛，多属气血郁滞，法当用枳实芍药散行气和血。服枳实芍药散而腹痛仍不愈，说明非气血郁滞，而是因为干血滞于脐下，病重药轻，枳实芍药散自不胜任，故用下淤血汤破血逐瘀。

四、创立六经辨证　明析阴阳八纲

辨证,就是分析辨认疾病的证候。它是诊断学的重要内容之一。"辨"是识别、分析的意思;证是综合分析各种症状,对疾病处于一定阶段的病因、病位、病变的性质以及邪正双方力量对比等各方面情况的病机概括。辨证是以四诊搜集的资料为依据,以阴阳、五行、脏腑、经络、气血、津液等基本理论作指导,进行综合分析、归纳,辨明其内在联系和各种病变之间的相互关系。通过辨证可以得出疾病发生的原因(六淫或七情)、病变的部位(在表或在里)、疾病的性质(属寒或属热)和邪正双方力量的对比(属虚或属实)等,从而有效地指导疾病的治疗。张仲景《伤寒杂病论》以"六经辨证"为"经",以四诊八纲、八法以及脏腑经络、气血津液、三焦辨证为"纬",也就是寓辨证论治的一般规律与"六经辨证"这一特殊规律之中。这些辨证方法各有特点,但它们之间有着内在的联系。八纲辨证是各种辨证的总纲;脏腑辨证是从脏腑病变中总结出来的一种辨证方法,是各种辨证的基础;气血津液辨证是分析气血津液的病理变化,它与脏腑辨证密切相关,是互相补充的一种辨证方法;六经辨证、卫气营血和三焦辨证是根据外感病在发展变化过程中总结出来的辨证方法,主要适用于外感疾病。

伤寒论的六经是从阴阳而发生的,太阳、阳明、少阳叫做三阳;太阴、少阴、厥阴叫做三阴;三阴三阳统称六经;就是六类的症候群,一切外感疾病,都可以分为六大类:凡病邪在表,而病情属于阳证的,如脉浮、头痛、项背强、发热恶寒等,便称做太阳病。凡病邪在里,而病情属于阳证的,如恶寒潮热、谵语、便秘、脉沉实、沉迟滑疾、腹部坚满、舌苔黄褐色至黑褐色,便称做阳明病。凡病邪在半表半里,而发现阳性病情的,如往来寒热、胸胁苦满、口苦咽干、心烦喜呕、目眩、舌上白苔、耳聋脉弦等,便称做少阳病。凡病在表而发现阴性病情的,如脉微细沉弱、欲寐、恶寒、手足寒、身体疼痛,或诉吐利咽痛的,便称做少阴病。凡病在里而发现阴性病情的,如腹满、自利呕吐、不食、腹痛等,便称做太阴病。凡病在半表半里及心胸部,而略现阴性病情的,如心中疼痛、饥不欲食、食即吐等,便称做厥阴病。把一切的疾病,第一步先分为表里、半表半里;第二步分为阴阳虚实。凡属消极的、宁静的、女性的、潜伏的,都称做阴证。凡属积极的、活动的、男性的、开展的,都称做阳证。凡病毒留滞体内,而精气已现虚乏状态的,便称做虚证。凡邪气虽充乎体内,而正气能抵抗的,便称做实证。因此便有阳实、阳虚、阴实、阴虚等分别。论病有传变和转属的区别,合病和并病的区别;论证有主证和客证的区别,正证和异证的区别,又有标本轻重坏症等区别。各类症状之外,尚有淤血、水毒、食毒等症状。诊断四诊之中,以辨脉法、平脉法最为切要,四诊之外,尚有腹诊。总之,张仲景的伤寒论,先辨定其病,即所谓分六经、次辨病之法,即以察脉证而辨别其阴阳表里虚实寒热。脉有浮沉迟数、紧缓滑涩之类,证有发热恶寒、谵语腹满、下利厥冷之类。脉有常变,证有真假,脉证并见,而病之情机尽露,病之寒热虚实,邪之进退消长,势之缓急剧易,而后可以确定汗下凉温和刺灸之法。病既有缓急剧易之不等,方便有大小紧慢之不同,这就是张仲景在中医学方面总结出的基本规律。

(一)六经本证辨证

六经本证辨证是指六经各自所系本经的生理功能失常所产生的病理变化在临床上的反映,并没有出现他经的病理变化而进行辨证的。

1. 太阳病本证辨证

指太阳统摄营卫的生理功能为外邪侵扰而失职所产生的病理病症

表现而进行的辨证。《伤寒论》第1条说:"太阳之为病,脉浮,头项强痛而恶寒。"《伤寒论后条辨》以仲景所辨对太阳病的病变部位作了明确的解答:"凡云太阳病,便知为皮肤受邪,病在腠理营卫间,而未涉乎腑脏也。"即知辨太阳病,就是辨营卫之气病,非言腑脏膀胱、小肠病。辨太阳病本证,主要有三大类型:太阳中风证是因为风寒所客,机为卫强营弱,证以汗出脉浮缓为特征;太阳伤寒证是因为风寒所侵,机为卫闭营郁,证以无汗脉浮紧为特征;太阳温病症是因为风热所袭,机为卫热营灼,症以口渴脉浮数为特征。

2. 阳明病本证辨证

指阳明隶属于胃或大肠的生理功能失司,或为邪侵、或因邪生而产生的病理病症表现而进行的辨证。《伤寒论》第180条说:"阳明之为病,胃家实是也。"《伤寒内科论》说:"阳明病'胃家实'之'实'字是从阳明的生理功能引申而来的,即《素问·五脏别论》:'肠实而胃虚'、'胃实而肠虚'之虚实交替的生理功能,于此借以阐明胃家失虚而尽实的病理变化。此时的'实'是病理变化,不是辨证的'证',故辨'实'的病理变化当含虚证、实证两个方面。"辨阳明病本证分为实证和虚证。实证又分为实热证和实寒证。实热证,分为四种情况:阳明热郁证,因为热淫,机为热郁而不畅,证以饥而不食为特征;阳明热盛证,因为热肆,机为热盛而嚣张,证以发热恶热为特征;阳明热结证,因为热虐,机为热结而不通,证以腹胀满痛为特征,且其证又有缓、轻、重之别;阳明湿热证,因为湿热,机为湿热胶结而困扰,症以发黄尿少为特征。实寒症,因为寒客,机为寒郁气阻,症以小便利呕为特征。虚证一为虚热症,因为热生,机为虚加热攻,证以无汗身痒为特征。二为虚寒症,因为寒生,机为虚加寒迫,症以不食便溏为特征。

3. 少阳病本证辨证

指少阳隶属于胆或三焦的生理功能被邪侵袭而失常所产生的病理病症表现而进行的辨证。《伤寒论》第263条说:"少阳之为病,口苦、咽干、目眩也。"《注解伤寒论》曰:"足少阳胆经也。《内经》曰:有病口苦者,名曰胆瘅。《甲乙经》曰:胆者中精之府,五脏取决于胆,咽为之使。少阳之脉,起于目锐眦。少阳受邪,故口苦,咽干、目眩。"是知少阳本证的病位在胆,在病变过程中可涉及到三焦。少阳病本证辨证,即少阳胆热气郁少气证,因为热侵,机为火炽气郁气伤,又胆木易克脾胃,故可见到脾胃异常的症状表现,但病根在少阳胆而不在脾胃。

4. 太阴病本证辨证

指太阴所系脾的生理功能失常,或因外邪,或邪从内生,所产生的病理病症表现而进行的辨证。《伤寒论》第273条说:"太阴之为病,腹满而吐,食不下,自利益甚,时腹自痛,若下之,必胸下结硬。"《伤寒贯珠集》曰:"太阴之脉,入腹属脾络胃……故其病有腹满而吐,食不下,自利腹痛等证。然太阴为病,不特传经如是,即直中亦如是,且不特伤寒如是,即杂病亦如是,但有属阴属阳,为盛为虚之分耳。"辨太阴病本证有:虚寒证因为夙虚生寒或寒客,机为阳虚、寒湿、运化失常,症以自利不渴为特征;湿热证因为内湿外热相交织,机为湿热肆逆而猖獗,症以身黄肢温为特征。但张仲景辨证太阴病本证仅论太阴脾而未论太阴肺。

5. 少阴病本证辨证

指少阴隶属心肾的生理功能为邪所害所产生的病理病症表现而进行的辨证。《伤寒论》第281条说:"少阴之为病,脉微细,但欲寐也。"《伤寒论笺注补正》曰:"微是肾之精气虚,细是心之血虚,脉管是血之道路,血少则脉细,微属气分,气旺则鼓动而不微。"辨少阴病本证有:少阴寒证,因为正虚感邪或邪内生,机为阳气虚弱,阴寒内盛,甚则阴寒之邪太盛,逼迫虚阳浮越于外,症以无热恶寒为特征,甚者呈面赤;少阴热症,因为正虚邪热内生或外客,机为阴亏于下,热扰于上,症以心烦失眠为特征。

6. 厥阴病本证辨证

指厥阴隶属于肝或心包的生理功能失常复加邪肆的病理病症表现

而进行的辨证。《伤寒论》第326条说："厥阴之为病，消渴，气上撞心，心中疼热，饥而不欲食，食则吐蛔，下之利不止。"《伤寒内科论》说："厥阴肝阳素盛，寒邪袭之，从阳化热，或热直入，或热内生，均可扰乱肝气，致发肝热肆逆证。厥阴肝热燔炽、消灼阴液，则渴欲饮水不解……"辨厥阴病本证有厥阴肝证和厥阴心包证。厥阴肝证有寒热之分。肝热证分为两种情况：肝热郁证是因为热扰，机为邪热怫郁，症以肢寒不食为特征；肝热下利证是因为热趋，机为邪热下迫，症以热利下重为特征。肝寒证分为两种情况：肝虚寒证是因为寒斥，机为阳虚寒盛，症以吐涎头痛为特征；肝寒血虚证是因为寒淫，机为血虚加寒凝，症以肢冷脉细为特征。厥阴心包证是因为热邪内陷，机为热虐神明，症以神昏肢冷为特征。

（二）六经兼证辨证

六经兼证辨证是针对六经病症中有两种或两种以上的病理病症表现而进行的辨证。

1. 太阳病兼证辨证

太阳病病在肌表营卫之间，营卫之气在生理上虽受太阳所统，但分承心气的温煦、肺气的宣发、脾气的充养、肾气的激发、肝气的调燮等脏腑的互相协调之下以完其职。倘若某一脏腑之气失调，就会影响营卫之气健全，外邪易乘机客入太阳而发病，在外之邪也极易乘势而传入于内以加重病情。张仲景在太阳病篇辨证中，辨太阳病本证则是辨证的基本内容，辨太阳病兼证则是辨证的集中体现和核心内容。辨太阳病兼证有：太阳病与少阴心病证相兼者，太阳病与少阴肾病证相兼者，太阳病与太阴肺病证相兼者，太阳病与脾胃病证相兼者，太阳病与阳明大肠病证相兼者，太阳病与厥阴肝病证相兼者，太阳病与少阳胆病证相兼者，太阳病与膀胱病证相兼者，以及太阳病兼血证、兼阳虚、兼阴虚火旺、兼血虚、兼营血虚、兼结胸、兼发黄，等等。

2. 阳明病兼证辨证

阳明胃与大肠虽有各自的生理特性和分工合作的协同关系，但与太阳营卫及其他脏腑之间也有密不可分的关系，在生理上相互为用，在病理上则可相互影响，故辨阳明病兼证也是阳明病辨证的主要内容之一，阳明病有与太阳病相兼者、与少阳病相兼者。阳明病与太阳、少阳病相兼者、与少阴肾病相兼者、与厥阴肝病相兼者等。

3. 少阳病兼证辨证

张仲景辨少阳病仅用10条论述，这是因为辨少阳病本证比较单一，不像太阳病、阳明病那样复杂，辨少阳病兼证业已在太阳病辨证、阳明病辨证中论述，故不再复述。

4. 太阴病兼证辨证

张仲景辨太阴病仅用8条论述，这并不意味着辨太阴病不重要，而是暗示在太阳篇中已用大量的笔墨做了较为详细的阐述，既较为全面地辨太阳病与太阴病相兼，又连类而及地辨单一的脾胃病证，还暗示太阴脾病与阳明胃虽各司其能，但其相互关系甚为紧要。在阳明病辨证中也有潜在论述，当全面识之，于太阴病篇辨证中。

5. 少阴病兼证辨证

少阴病兼证，指的是病症表现除了本经所系脏腑病症外，还兼见其他经、脏腑或营卫的病症。少阴病兼证辨证有：少阴病与太阳病相兼者、与阳明病相兼者、与咽痛病相兼者、与膀胱病相兼者。张仲景特言膀胱者，再次论证膀胱虽为太阳经，但对膀胱病症不能说成是太阳病。

6. 厥阴病兼证辨证

厥阴病兼证也是临床中常见病症，主要兼证有：厥阴病与太阳病症相兼、与阳明病症相兼、与太阴病症相兼等。

（三）六经类似证辨证

六经类似证辨证，指的是在审六经本证时，时有两经症候表现极为相似之处，故特设类似证辨证，以提高诊断鉴别能力。古人曰："使人之大迷惑者，必物之相似也。"医者之所惑，患病之疑似也，疑似之间，至当审谛，稍有丝毫之差，即有千里之谬。张仲景辨六经本证，有鉴于此，特于六经本证中又设类似证以甄别，以免惑于似而失于真。

1. 太阳病类似证辨证

指有些病症表现不是太阳病症、病机且类似太阳病症而进行的辨证。太阳病类似证有：饮停胸胁症类太阳病者，胸中痰实症类太阳病者，阳虚肌痹症类太阳病者，阳虚骨痹症类太阳病者。

2. 阳明病类似证辨证

指有些病症表现类似阳明病且病症、病机不是阳明病而进行的辨证。如脾约证类阳明热结症者，太阴发黄证类阳明湿热发黄症者。

3. 少阳病类似证辨证

指有些病症表现类似少阳病且病症、病机不是少阳病而进行的辨证。《伤寒论》第264条论"不可吐下"，暗示胸中痰实证或结胸症有类少阳病之"胸胁满而烦"。《伤寒论》第265条论"不可发汗"，暗示太阳病有类少阳病，故当鉴别诊断。

4. 太阴病类似证辨证

指有些病症表现类似太阴病且病症、病机不是太阴病而进行的辨证。《伤寒论》第273条论"若下之,必胸下结硬"者,暗示太阴脾与阳明大肠均宜出现腹满等症,若辨证未能抓住证机即会导致误治,因此必须注重类似证辨证,才能提高诊治水平。

5. 少阴病类似证辨证

指某些病症表现类似少阴病且病症、病机不是少阴病而进行的辨证。常见少阴病类似证有:胸中痰实症类少阴病者,厥阴肝郁症类少阴病者等。

6. 厥阴病类似证辨证

指某些病症表现类似厥阴病且病症、病机不是厥阴病而进行的辨证。厥阴病常见类似证有:蛔厥症类厥阴病者,阳虚水停症类厥阴病者,冷结膀胱关元症类厥阴病者,胃热脾寒症类厥阴病者等。

总之,张仲景六经辨证,主要指的是本证辨证、兼证辨证、类似证辨证,只有从此三方面入手研究六经辨证,才能真正抓住六经辨证的基本概念和实质,才能使六经辨证发扬光大。

(四)八纲辨证

六经辨证是《伤寒论》辨证论治的纲领,八纲辨证是对一切疾病的病位和证候性质的总概括,两者关系是不可分割的。因为外感疾病是在外邪的作用下,正邪斗争的临床反映,正邪斗争的消长盛衰,决定着疾病的发展变化,关系着疾病的证候性质,所以六经辨证的具体运用,无不贯穿着阴阳表里寒热虚实等内容。后世所说的八纲辨证,来源虽出于《内经》,但也是从张仲景《伤寒论》中得到启发而加以系统化的。

一般说来,《伤寒论》六经中太阳、阳明、少阳,叫做三阳;太阴、少阴、厥阴,叫做三阴。从病的属性来讲,三阳病多属于热证、实证,概为阳证;三阴病多属于寒证、虚证,概为阴证。从邪正盛衰的关系来讲,三阳病表示患者正气盛,抗病力强,邪气实,病情一般都呈现亢奋的状态;三阴病表示患者正气衰,抗病力弱,病邪未除,病情都呈现虚衰的状态。故曰:"病有发热恶寒者,发于阳也;无热恶寒者,发于阴也。"这就是六经与八纲中阴阳总纲的关系。

表里是分析病位的纲领。就六经中表里而言,一般太阳属表,其余各经病变属里。但表里的概念又是相对的。例如:三阳病属表,三阴病属里;阳明病属表,太阴病属里等等。六经病症的发表攻里,就是根据病位的在表在里决定治则的。如太阳表症,宜解表发汗;阳明里证,宜清泄里热或攻下里实。所以在临床上出现表里症候有疑似的时候,或者表里症候同时出现的情况下,分辨病之在表在里,对治疗的正确与否有着重要关系。如《伤寒论》第56条中说:"伤寒不大便六七日,头痛有热者,与承气汤;其小便清者,知不在里,仍在表也,当须发汗;若头痛者必衄,宜桂枝汤。"第90条"伤寒医下之,续得下利,清谷不止,身疼痛者,急当救里;后身疼痛,清便自调者,急当救表"。都是这一类的实例。

寒热是辨别疾病性质的纲领。凡病势亢进,阳邪偏盛者,多属热证;凡病势沉静,阴邪偏盛者,多属寒证。同样,寒热的症候,也是比较复杂的。如同一下利之症,若自利不渴者,为内有寒;而下利欲饮水者,则为里有热。又有寒热真假之辨,如"伤寒,脉滑而厥者,里有热",是真热假寒之证。又如《伤寒论》第317条说:"少阴病,下利清谷,里寒外热,手足厥逆,脉微欲绝,身反不恶寒,其人面色赤。"是真寒假热之证。由此可见,六经病的寒热,也是辨证论治的重要内容。

虚实是辨别邪正盛衰的纲领,虚是指正气虚,实是指邪气实。辨别邪正的虚实,是治疗时选择扶正或攻邪的关键。如"发汗后恶寒者,虚故也;不恶寒但热者,实也"。前者为汗后阳虚之证,治疗当选用芍药甘草附子汤以顾其虚;后者为汗后邪盛内传之里实证,故治法选用调胃承气汤以攻其实。

上述例证,可以说明八纲辨证是各种辨证方法的总概括,故无不贯串于六经病症治法之中。但《伤寒论》六经辨证,则又是八纲辨证的系统化、具体化。例如六经病症中的太阳病,有恶寒、发热、头痛、项强、脉浮等症,从八纲辨证来分析,属于表症。但仅据表症,还不能指导治疗,必须结合其有汗无汗来进一步辨别,如有汗为表虚,无汗为表实。只有这样,才能准确地运用解表或发汗的治疗方法。又如少阴病有旦欲寐、脉微细等症候，从八纲来分析，属于里症、虚症。但仅据里症、虚症，仍不能指导治疗，必须进一步分析其阴阳的偏盛偏衰，如果表现为无热恶寒、四肢厥逆、脉沉微等阳衰阴盛者，则为少阴寒化证；如表现为心烦不得眠、咽干或痛、脉细数等阴虚内热的脉证，则为少阴热化症。只有这样，才能准确地运用扶阳抑阴或育阴清热的治疗方法。由此可见，六经辨证与八纲辨证的关系是相辅相成的。

（五）脏腑经络辨证

脏腑经络是人体不可分割的整体，六经症候的产生，则是脏腑经络病理变化的反映。因此，六经辨证不能脱离这些有机的联系。以脏腑的病理反应而论，在疾病的进展过程中各经病变常会累及所系的脏腑，而出现脏腑的症候。如膀胱为太阳之腑，太阴表邪不解，传入于腑，影响膀胱气化功能失常，以致水气内停，可见小便不利、少腹里急、烦渴或渴欲饮水、饮水则吐等症。胃与大肠为阳明之腑，邪入阳明，胃燥热甚，津液受伤，则见身大热、汗自出、不恶寒、反恶热、口干舌燥、烦渴不解、脉洪大等症。若肠胃燥热结实，腑气不通，就会出现潮热、谵语、手足溅然汗出、腹胀满疼痛、拒按、大便秘结等症。胆与三焦为少阳之腑，胆火上炎，则有口苦、咽干、目眩。三焦水道失于通调，或水停心下，则心下悸、小便不利；或水寒犯肺，则为咳；或少阳枢机不利，寒饮留中不化，则可见往来寒热、心烦、胸胁满微结、小便不利、渴而不呕、但头汗出等症。脾为太阴之脏，病则脾阳不振，运化失常。脾虚脏寒，寒湿停滞，可出现腹满而吐、食不下、自利、腹胀自痛等症。心肾为少阴之脏，病则心肾虚衰，气血不足，可出现脉微细、旦欲寐、恶寒、踡卧，甚至手足厥冷、下利或呕逆等一系列阳气虚衰、阴寒内盛之症。如果心火过亢，肾阴不足，则见心中烦、不得眠、咽干、舌质绛、脉细数等阴虚热甚之证。肝为厥阴之脏，病则寒热错杂，肝气上逆，可见消渴、气上撞心、心中疼痛、饥不欲食、食则吐蛔、下利等症候。此外，经络内属于脏腑，外络于肢节。例如，足太阳经起于目内眦，上额交巅，下项挟脊抵腰至足，循行于人体之背部，故太阳经受邪，则见头项痛、腰脊强等症。足阳明经起于鼻梁凹陷处两侧,络于目,并从缺盆下行经胸腹,循行于人体之前面,故阳明经受邪,则见目痛、鼻干等症。足少阳经起于目外眦,上抵头角,下耳后,入耳中,并从缺盆下行胸胁,循行人体之侧面,故少阳经受邪,可见耳聋、目赤、胸胁苦满等症。三阴病属里证,其经络所反映的症候虽不像三阳经那么显著,但其所表现的某些症候,如太阴病的腹满痛;少阴病的咽痛、咽干;厥阴病的头项痛等,均与其经络循行部位有关。

(六)辨证技巧

1. 提纲挈领法

本法是利用六经脉证总纲这个特定概念进行辨证的方法。比较和分类是认识事物的起始,比较是分类的前提,而比较又必须依一定标准才能进行。张仲景在长期医疗实践中,在不断去粗取精的基础上,极为成功和提纲挈领地就本质属性抽象出了六经总纲这个具有普遍指导意义的辨证准则。这样,我们就能执简驭繁地对疾病进行比较、分析,进一步通过一般去认识特殊,就其同异分别归合于较大的类和再划分为若干较小的类,从而使辨证愈趋仔细和深入。譬如太阳病这个大类又分中风和伤寒,而二者则又可更就其小异区分为若干更小的派生症。六经如此,其他如合病、并病、兼证、变证乃至所谓"坏病"等,亦莫不各有其纲目。

2. 持重固守法

整体恒动观是中医理论体系的最大特点。整体恒动,疾病亦恒动,然而在其某个量变阶段却又会呈现一种相对的静止。持重固守正是指经治或误治后症情未变或虽有某些改变,但疾病的本质依然时,仍当胸有定见,续用或改用前法以待其安。《伤寒论》第12条桂枝汤之"服一剂尽,病症犹在者,更作服";第149条误下他药之后"柴胡证仍在者",

仍可"复与柴胡汤";第 25 条"服桂枝汤,大汗出,脉洪大者,与桂枝汤如前法"等。

3. 随证变通法

疾病作为过程固然有着相对的静止,然而当部分或根本质变完成时,脉证必然会随之产生相应的质的改变。由于不同质的矛盾只能用不同质的方法才能解决,辨证也就必须机动灵活,随证变通。此时则或就原方损益(类方或不另立新名的加减方),或迳用合方(如桂麻各半汤、柴胡桂枝汤)以为兼顾,或改弦更张,因证图治。如《伤寒论》第 26 条转属阳明而易白虎加人参汤之清,第 69 条转属少阴而易茯苓四逆汤之温等。

4. 由此及彼法

由于本质的同一,疾病主脉主症之间自然存在着一种相对稳定的共生关系。然而脉证有侧重,因此张仲景辨证时又常常由此及彼,触类旁通。(1)由脉及症:病各有其主症,察脉而可推证,如《伤寒论》第 51 条以脉浮而知"病在表";第 27 条以脉微弱而知"无阳",均必有或续有相应的症情可察;第 151 条以脉"紧反入里"而知病之入里;第 398 条以"脉已解"而知本病之已解等。(2)由症及脉:病各有其主脉,察症亦可知脉。如小青龙汤和葛根汤证之脉必浮,少阴真武汤和附子汤证之脉必沉,以及从《伤寒论》第 27 条可知桂枝二越婢一汤证之脉必不"微弱",从第 132 条可知结胸宜下而脉必不"浮大"等。

5. 别具慧眼法

《内经》云:"病之始生,极微极精","见微得过,用之不殆"。由于疾病的发生、传变总是由于量的积蓄而引起部分质变,这就要求诊病时能敏锐地就"极微极清"的病情"见微得过"和及时捕捉可供决断的脉证,借以确立或修正临床的辨证。如《伤寒论》第 188 条以"濈然微汗"知"伤寒之转系阳明";第 234 条以"微恶寒"知病入阳明而太阳"表未解也"；又如第38条"脉浮紧，发热恶寒身疼痛，不汗出"，本来极似伤寒麻黄汤证，然更兼"烦躁"，则独处藏奸，又非大青龙汤莫属；第116条"伤寒有热，少腹满"，则更以小便利否以分蓄血与蓄水；第50条以"尺中迟"而知其"不可发汗"；第333条"除中"，虽"能食"亦不可轻言可治之类。凡此，皆说明了此法之重要性。

6. 不必悉具法

疾病通常固有相对稳定的主脉主症，然而由于个体及实际病种差异等原因，只要能就有限的脉证直穷疾病的本质，亦有不待"病形悉具"即可确诊者。如《伤寒论》第101条伤寒中风，"有柴胡证，但见一证便是，不必悉具"，即说明了这个问题。又如发热之为太阳主证之一，似无疑义，然而不但提纲未及，即使专叙伤寒的第3条原文亦有"或未发热"之文。再如第323条"少阴病，脉沉者，急温之"，则一叶知秋，少阴亡阳诸候实已兆端于此；第320条"少阴病，得之二三日，口燥咽干者，急下之"，则土实水亏，亡阴可立而待。再如第277条"自利不渴"即"宜服四逆辈"，第379条"呕而发热"即"小柴胡汤主之"等，亦无不属此。尤其在病邪深伏或正气衰微、反应迟钝等症情危急之秋，尤需当机立断。

7. 无者求之法

《内经》云："有者求之，无者求之。"辨脉证求病即"有者求之"，固为辨证之常，然亦有"无者求之"，当从隐性症状反证而辨证者。如《伤寒论》第61条，患者已经泻下后，又用了发汗的方法，导致"整日烦躁不得眠，夜而安静，不呕，不渴，无表证，脉沉微，身无大热者，干姜附子汤主之。"盖夜则微阳不胜于阴争，故"静"；"不呕不渴，无表证"，则病已不在三阳；无大热则有小热而为虚阳之外越，于是更据余症而温之。又如第277条"自利不渴者，属太阴"，则正与第282条少阴之"自利而渴"相鉴别；第5条"伤寒二三日，阳明、少阳证不见者，为不传也"，无"症"可证，故为不传。

8. 司内揣外法

《内经》云："远者司外揣内,近者司内揣外。"按"司外揣内"亦即由表及里、从现象认识本质的方法。然而由于脉证"内同外异"的多样性和多变性,亦有辨证既握其要,更宜"司内揣外",从源及流,进一步通过一般认识病情的个性和特征。如《伤寒论》第31条通过司外揣内,可从"干呕,发热而咳"知其病机为"表不解,心下有水气",又复司内揣外,则"水性动,其变多",故又有"或渴,或利,或噎,或小便不利,少腹满,或喘"诸症。第317条所论之四逆汤证,依其症有下利清谷,手足厥逆,脉微欲绝,不恶寒,面赤,知其病机为"里寒外热";其腹痛、干呕、咽痛,或利止脉不出等症,亦无不由此变出。第55条伤寒失汗致"衄",因病机未变,故仍汗之以麻黄汤;第374条"下利"原非承气证,然其因于"燥屎"则一,故仍下之以小承气汤之类,亦并属此例。

9. 去伪存真法

脉证以歪曲、颠倒的形式表现疾病本质的现象叫假象。由于假象常常在症情危重时出现且往往导致辨证的失误,因此在辨证时须采取去伪存真一法。譬如《伤寒论》中对诸如"真寒假热"(第317条通脉四逆汤证之外热、不恶寒、面赤),"真热假寒"(第350条白虎汤证之"厥",第335条之"厥深者热亦深"),"大实有羸状"(第252条急下证之"大便难、身微热")和"至虚有盛候"(第369条伤寒下利日十余行之"脉反实")的辨析,对"舍脉从证"(第208条大承气证之舍通常主寒之"脉迟")和"舍证从脉"(第350条舍通常属寒之"厥")的鉴别,以及随之对"寒因寒用"、"热因热用"、"通因通用"与"塞因塞用"的采用,均属此例。

五、八法并用　内外兼攻

医生用方药治疗疾病,其作用是扶正祛邪,调节阴阳偏盛偏衰,使其从病理过程转变为正常的生理状态,从而达到恢复健康的目的。为了针对病情恰当地运用相应的治疗方法就必须遵循辨证论治的原则,首先把不同的症候根据辨证方法,进行分析和归纳,探求病因所在,明确症候性质,然后确立治法。张仲景在《伤寒杂病论》中确立了治病的基本原则,采取了多种多样的治疗方法,治病求本,收到药到病除的治疗效果。

张仲景对患者施治总是严肃、认真。他认为再好的药物和药方,在运用过程中必须根据患者的身体素质、病情的变化及有无别的病症来辨证施治。首先辨明表里虚实,然后分清主次,对症下药。有一次,他给一个伤寒患者治病。到患者家里后他先听到患者家属介绍说,患者8年前因出疹子没有忌酒肉,结果落了个拉肚子的病,一直拉了8年,现在又得了伤寒,刚得病时,只喊头痛,现在已经7天了,一直夜不能寐,经常说胡话,拉肚子比过去更严重了。张仲景先抚了脉,发现脉洪大而浮,观患者满面赤色,烦躁口渴,舌生黑苔。于是,张仲景开了竹叶石膏汤的方,单是石膏一剂就开了一两。患者吃了后病仍不见轻,于是他又把石膏增为二两。患者家属一看药方,担心地问:"这不会对病人有妨碍吧?"张仲景耐心地对他们解释说:"伤寒是热邪在作难,这是从外部传染进去的急病,不马上治就会立即丧命。而拉肚子已经8年了,不是突然发作,治病应抓主要的,下重药,然后再慢慢地治拉肚子这个老毛

首创灌肠

病。"患者家属听了觉得有道理，立即按方给患者吃了一剂药。当天晚上患者就能安然入睡了。第二天又吃一剂药，病立即见轻，连吃了几剂，伤寒就止住了，但是照样拉肚子。于是，张仲景又开了脾肾双补丸方，外加黄连、干葛、升麻，按疴痢来治疗，不到一个月拉肚子的病也治住了。顾松园《医镜》说："八年沉疴，一旦若失。"通过临床诊断实践，张仲景深刻地认识到用药治疗要因人因病而异，辨别病症，灵活用药。他说："日数虽多，但有表症，而脉浮大者，仍宜解表。日数虽少，但有里症，而脉沉实者，即当攻里，若问而异者明之，似是而非者辨之，用药当如盘珠，慎勿刻舟求剑。"张仲景认为各种治疗方法要结合应用，各种方剂要因病而异使用，充分发挥各种方法和方剂的特殊作用，才能取得良好的治疗效果。

张仲景说："要疗治各种疾病，当先以汤药涤荡五脏六腑，开通诸脉，治道阴阳，破散邪气，润泽枯朽，悦人皮肤，益人气血，水是能净万物的，所以用汤。如若四肢病久，风冷发动，其次便当用散，散能逐邪，风气湿痹，表里移走，居无常处的，用散是可以平的。其次便是用丸，丸药能逐风冷，破积聚，消诸坚癖，增进饮食，调和荣卫。如能参合而行，便能称做上工了。"他又说："不须汗而强令发汗的，出其津液，枯竭而死；须汗而不给他出汗的，使诸毛孔闭塞，令人闷绝而死。不须下而强令下的，令人开肠洞泄不禁而死；须下而不给他下的，令人心内懊忱，胀满烦乱浮肿而死。不须灸而强令灸的，令人火邪入腹，干错五脏，重加其烦而死；须灸而不灸的，令人冷结重凝，久而深固，气上冲心，无处消散，病笃而死。"这是仲景对治疗方法的贡献。①

张仲景的疗法，有汗、吐、下、和四种方法，又有"寒者热之，热者寒之"两大原则。治病有先治卒病而后治痼疾办法；又有先表后里的定例，或是先里后表的变例；又有舍证从脉和舍脉从证的治例。治疗的禁忌，就更周密了。如发汗剂的禁忌：少阳病不可发汗，少阴病脉细沉数，病机在里，不可发汗，亡阳不可发汗；咽喉干燥不可发汗，淋家不可发汗；疮家虽身疼痛不可发汗，亡血家不可发汗；汗家重发汗，必恍惚心乱，小便已，阴痛。下剂的禁忌：太阳病外证未解不可下；太阳少阳并病

---

① 陈邦贤：《祖国伟大的医学家张仲景》，见唐明华、王新昌主编《医圣张仲景与医圣祠文化》(上，下)，华艺出版社，1994年版，第468页。

头项强痛而眩晕时如结胸心下痞硬，慎勿下；伤寒呕多，虽有阳明证，不可攻下；阳明病心下硬满的，不可攻下；病欲吐的不可下；太阴病腹满不可下；诸虚的不可下。吐剂的禁忌：诸四逆厥的不可吐；虚弱的也不可吐。

（一）治疗原则

1. 明标本

在伤寒的发病过程中，六经症候往往混同出现，由于其表现形式有标本主次的不同，故张仲景在治疗原则上有先后缓急之分。

（1）表里先后缓急

伤寒表里同病时，应按表、里的先后缓急选用相应的治疗措施。一般应遵循下列四个原则。一是解表以和里：如太阳表邪初涉阳明之里，但病情偏重在表，则只需解表，表解里自和，用葛根汤。二是先解表后治里：凡表里同病，"其外证不解者，尚未可攻，当先解其外"，以防外邪内陷而成变证。故凡内热炽盛、水积、瘀滞、燥结等，需清热攻下荡涤，而又兼表证者，均以先解表后治里为常法。如白虎汤证，十枣汤证，诸承气汤证皆是。三是先治里后治表：此为变法，一般以里虚者救之，里实者攻之为准。如误下中虚，则"急当救里"，再议解表；"太阳随经，瘀热在里"，里实为主，宜径用抵当汤攻里。四是表里同治：如表里俱实的大、小青龙汤证，表里俱虚的桂枝加附子汤证，表实里虚的麻黄附子细辛汤证，表虚里实的桂枝二越婢一汤证等即是。

（2）合病、并病中的先后缓急

合病、并病皆为伤寒数经同病，故在治疗上应重视先后缓急。具体包括以下四种方法。一是先治其原发病：如太阳病初传阳明，但病仍甚于表，则当先解表；阳明汗多，但无潮热，乃腑实未成，外证未解，亦当先解其外。二是先治其主证：如太阳、太阴合病，以太阴虚寒里证为主，则用桂枝人参汤，重在温中散寒，兼解太阳之表；少阳、阳明合病，但见潮

五、八法并用　内外兼攻　115

人工呼吸

热不大便、胁下硬满的少阳证为主,乃径用小柴胡汤和解,使"上焦得通,津液得下,胃气因和,身濈然汗出而解"。三是先治其急症:如"下利清谷不止,身疼痛",但以太阴阳气衰微,阴寒内盛,水谷不运为急,当急用四逆汤救里,再用桂枝汤治表。四是数经同治:如太阳、少阴两感,用麻黄附子细辛汤、麻黄附子甘草汤温阳发汗;太阳、少阳并病,刺大椎、肺俞泄太阳之邪,刺肝俞泄少阳之邪。《内经》指出:"谨守间甚,以意调之,间者并行,甚者独行。"以上情况,前三种是六经病中独取一经之"独行"治法,后一种即数经同治之"并行"法。

(3) 不同病情的先后缓急

根据患者生病早晚、病情轻重和病位的不同,治病一般应依从以下三项原则。

一是新病治宜速,久病治宜缓。如久病愈后"喜唾",乃胃中虚寒所至,用理中丸缓温徐图;若新病中寒而上吐下利,其势较急,则温中散寒刻不容缓,因丸不及汤,故理中丸改用汤剂为宜。一方二用,独有奥妙。二是病重势急治宜速,病重势缓治宜缓。如太阳蓄血证,其程度有轻重之别,病势有缓急之异。若蓄血病势重急,其人发狂者,宜抵当汤主之;若病势较缓者,宜抵当丸峻药缓图。三是治上者治宜缓,治下者治宜急。如阳明腑实,燥屎结在大肠为主,以大承气汤重用枳朴而后下大黄,使其泻热荡实之力强盛;又如治水热互结膀胱之大陷胸汤,先煎大黄,后纳硝、遂,峻逐水邪,泻热破结。

2. 析逆从

《内经》指出"逆者正治"、"从者反治"。在疾病的发展过程中,有的症候与病机相应,有的症候与病机不符。因此,张仲景在治疗原则上,前者逆其症而治,即"正治";后者从其症(假象)而治,即"反治"。

(1) 逆治

逆治是《伤寒论》中最常用的治法,其使用范围广及六经病证。如太阳病风寒在表、营卫不和的经证用汗法,邪不外解、内结膀胱的腑证用消法;阳明病邪热弥散经证用下法,燥热内结的腑证用下法;少阳病在半表半里、寒热虚实挟杂用和法;太阴病中阳不振,寒湿内聚用温法;少阴寒化,厥阴寒厥,真阳衰微,阴寒内盛用温法;少阴热化,厥阴热证用清、下法等。临证时,逆治法又常常是数法兼施。其中,以寒温并用最为多见,大体有三种情况：一是表寒里热证,如外感风寒、里热内郁之"恶寒发热,身疼无汗",用大青龙汤外散风寒,内清郁热。二是上热下寒证（不包括真寒假热证）,如清上温下、辛开苦降的干姜黄芩黄连人参汤证。三是寒热错杂证,如诸泻心汤证、乌梅丸证均是。

（2）从治

"从治"的应用多见于"至虚有盛候"、"大实有羸状"的极期,此时病情重笃,故应避开假象,针对反映疾病真相的内在本质而治。《伤寒论》第11条作为六经证治的总纲,首先提出了辨寒热真假,可见张仲景十分重视这一问题。具体有以下四种情况。一是"热因热用"：如阴寒内盛,迫阳外越的真寒假热证,当用通脉四逆汤破阴回阳,通达内外。二是"寒因寒用"：如厥阴病邪热极盛,阳郁不达,厥深热亦深的真热假寒证,当用白虎汤清解里热,则阳气自可宣通。三是"塞因塞用"：如心下痞硬而用甘草泻心汤、桂枝人参汤,是因脾胃中虚,邪陷气滞所致。四是"通因通用"：如"阳明病,脉迟汗出多,微恶寒"用桂枝汤,乃汗出用汗法；热结旁流用大、小承气汤,乃下利用下法。至于《伤寒论》第103条大柴胡汤证,为呕吐用下法,第59条赤石脂禹余粮汤证,为下利用利小便法,第253条大承气汤证,为汗出用下法等等,皆"通因通用"之变法。

另外,作为制方服药的具体方法,"反佐"法也可并入此列。如吐利厥逆而致阳亡阴竭的阴盛格阳危候,分别在通脉四逆汤、白通汤的基础上加入猪胆汁作为引经药以引阳入阴,使内外宣通,阴阳顺接,而诸承气汤"温顿服之"、"分温再服",乃为凉药热服,以防格拒。

3. 辨邪正

伤寒六经症候尽管错综复杂,但都是正邪双方相互作用的结果。因此,张仲景针对病因、病机而治,主要有扶正与祛邪两方面。

（1）祛邪以安正

病在三阳,邪盛正实,应以祛邪为主,重在汗、下、和三法,使邪去则正自安。

一是汗法：太阳初感,邪气轻浅,正气未虚,应不失时机,一汗而解,所谓"其在皮者,汗而发之"。如太阳病用桂枝汤、麻黄汤,为汗法正局。

但是,《伤寒论》中汗法用得最多的是变局。如太阳阳明合病,表寒外束,肺卫之气被阻而胸满者,不可下,宜麻黄汤;阳明病脉迟,汗多,微恶寒者,表未解也,可发汗,宜桂枝汤。此外,还有桂枝新加汤益气发汗,桂枝加附子汤扶阳发汗、葛根汤升津发汗、大青龙汤清热发汗、小青龙汤化饮发汗等,均属汗法之变法。即使是病入三阴,也要寻找一切可汗之机,以免姑息养奸。同时,使用汗法又当注意用药适时,发汗适度,不犯禁忌,以免造成变证坏证。

二是下法:主要用于阳明腑证。具体有大承气汤攻下实热、荡除燥结法,小承气汤泻热通便、破滞除满法,调胃承气汤泻热和胃、软坚润燥法,麻子仁丸润下缓通法以及蜜煎导、土瓜根、猪胆汁方清热润燥、利窍通便法等五类。此外,还有"急下存阴"六条,旨在祛邪气、保津液。其中,阳明三条重在存胃津,少阴三条重在保肾水,又为同中之异。要特别注意的是,"伤寒呕多"、"面合色赤"、"心下硬满"、"胃中虚冷",均为禁下证。

三是和法:主要用于少阳病。"少阳为枢",乃表里、阴阳之枢。用小柴胡汤和解枢机,可以断太阳来路,开阳明出路,使脏腑气血的偏盛得到调整,从而达到祛除病邪的目的。如太阳转属少阳,"往来寒热,胸胁苦满,嘿嘿不欲饮食,心烦喜呕";少阳转入阳明而"胸胁苦满不去";阳明少阳合病,"胸胁硬满,不大便而呕";厥阴转出少阳,"呕而发热";三阳证见"身热恶风,颈项强,胁下满,手足温而渴"等,均为和法之正局,宜小柴胡汤主之。和法的变法有:兼汗法的柴胡桂枝汤证及"刺大椎、肺俞、肝俞"证;兼下法的大柴胡汤证、柴胡加芒硝汤证;兼清法的黄芩汤证;兼温法的柴胡桂枝干姜汤证;兼泻热安神的柴胡加龙骨牡蛎汤证等。

以上三法,是择其要而言。其他如瓜蒂的吐法,芩、连的清法,虻、蛭的消法等,无不有祛邪以扶正的作用。总之,祛邪以扶正,当根据病势和正气抗邪外出的趋势,因势利导,安正祛邪。

(2)扶正以祛邪

病在三阴,正虚邪留,应以扶正为主,重在扶阳气护胃气存津液,正盛则邪必祛。

扶阳气　阳气为一身之本,故阳气的盛衰往往决定疾病的顺逆,关系到患者的生死存亡。如:太阳病"手足温者,易愈";少阴厥利无脉,

"脉暴出者死,脉续者生";厥阴病脉绝肢厥,"脉还,手足温者生,不还者死"等,皆体现了"阳复者生,阳亡者死"的原则。根据不同脏腑阳气亡失的情况,扶阳法又有其相应的侧重面。一是扶心阳,如发汗太过,损伤心阳,心悸欲得手按,桂枝甘草汤主之;误用火疗而复下之,心阳虚兼烦燥者,桂枝甘草骨牡蛎汤主之。二是扶肝阳,如厥阴寒滞肝脉,"手足厥寒,脉细欲绝者,当归四逆汤主之"。三是扶脾阳,如中虚腹疼,用小建中汤主之;中虚水停,用苓桂术甘汤主之。四是扶肾阳,如下后复汗,阳虚烦躁,干姜附子汤主之;少阴阳衰,寒温内溃,附子汤主之等等。此外,凡阴盛阳衰、四肢厥逆、恶寒倦卧,或下利清谷、大汗亡阳、脉沉微者,皆为真阳竭绝,生死反掌之候,须大辛大热的四逆汤回阳救逆,才能使阴霾消散,真阳重光。

保胃气 伤寒的发生发展与变化,多与胃气有关。六经病常以胃气损为始,胃气衰为进,胃气绝为危。因此,保胃气是《伤寒论》中的主要治疗原则之一。如三阳病中,麻黄汤、桂枝汤、调胃承气汤、小柴胡汤以及白虎汤分别用炙甘草、大枣、粳米等,即为扶助胃气而设。同时,张仲景还强调三阳病不得误汗过汗、误下过下、误吐过吐,以免诛伐胃气。又如三阴病中,太阴腹痛用桂枝加芍药汤调理和中以保胃气;少阴病用附子加参术、苓,益气健脾以保胃气;厥阴病用当归四逆加吴茱萸生姜汤,散寒降逆以保胃气等。《伤寒论》保胃气的思想,还表现在注重糜粥和水果食品调养方面。前者如桂枝汤服后饮热稀粥,使谷气内充,以助药力,便于酿汗;服十枣汤,"得快利后,糜粥自养"等。后者如张仲景多用大枣、生姜、粳米、白蜜、饴糖、葱、鸡子黄等,作为补偏救弊、安中和胃、扶助正气的重要手段。

存津液 论中以"胃中水竭"、"亡津液"、"津液内竭"、"舌上燥而渴"、"口干咽烂"等,描述了外感病中伤阴耗津的各种病理现象,并依据口渴程度、出汗及尿量的多少等特征来判定阴液耗损的程度,至今仍有临床意义。如三阳病多在腑,以劫烁胃阴为主,故治疗重在护胃阴。其中,阳明经热炽盛用白虎汤,阳明腑实初结用调胃承气汤,少阳热迫大肠用黄芩汤,均重在清热保津;阳明腑实"三急下证"用大承气汤,旨在急下存阴。而三阴病多在脏,以耗损肾阳为主,治疗重在救肾水,如少阴阴虚火旺的黄连阿胶汤证,用阿胶、芍药、鸡子黄滋肾水、养营血、安心神;少阴阴虚水热互结的猪苓汤证,用阿胶滋阴润燥;少阴虚热咽痛的猪肤汤证,以猪肤润燥退热,以及"少阴三急下证"等,皆在于保肾水。

总之,扶正以祛邪,是《伤寒论》辨证论治的中心环节之一。上述扶阳气、护胃气、存津液三法,既可单独使用,亦可并用兼施,灵活掌握。

(3)扶正祛邪兼施

正虚邪实,当扶正祛邪并用,攻补兼施。但在具体应用中,还要分清孰主孰次,以扶正不留邪,祛邪不伤正为原则,灵活治疗。一般而言,有以下四种表现:一是正虚较急重的,应以扶正为主,兼顾祛邪。如黄连阿胶汤在滋肾养阴同时,用芩、连清心泻热;当归四逆汤在养血和营的同时,用桂枝温经散寒、木通除湿通络,并有吴茱萸、生姜以散寒涤饮之法。二是邪实较急重的,应以祛邪为主,兼顾扶正。如桂枝汤解肌祛风,既有芍药、甘草敛阳益气,还有加附子扶阳、加人参补虚等法。白虎汤清气泻热,既有粳米养胃、炙甘草和中,还有加人参益气养阴之法。三是正虚邪实,但以正虚为主,当先扶正后祛邪。如虚寒下利兼感外邪,但以阳气衰微,阴寒内盛的正虚为主时,用四逆汤"先温其里",俟阳回利止,再用桂枝汤解肌祛邪。四是邪实而正不甚虚,则应先祛邪后扶正。如承气下法、瓜蒂吐法、抵当消法等,皆为权宜之法,应宗《内经》"大毒治病,十去其七"之旨,一俟邪退,急当顾正。

4. 调阴阳

伤寒六经病的发生发展,从本质上说都是正邪相争,以致体内阴阳偏盛偏衰代替了正常阴阳消长的结果。因此,调整阴阳,恢复阴阳的相对平衡是十分重要的,所谓凡病"阴阳自和者必自愈"。张仲景《伤寒论》第 7 条六经病证治总纲中提出:"病有发热恶寒者,发于阳也;无热恶寒者,发于阴也。"一般而言,前者指邪在三阳,多为正盛邪实,治疗重在祛邪恶,制阳存阴,平调阴阳;后者指病入三阴,多为正虚邪弱,治疗重在顾正,扶阳抑阴,平衡阴阳。这是调整阴阳的常法。

(1)阴阳偏盛,而其相对的一方并未构成虚损时,治当"损其有余"

如"瘀热在里",用抵当汤破血逐瘀。"寒湿结胸,无热证者",用三物白散温下寒湿,涤痰破结。若阴或阳偏盛,而其相对的一方有偏衰时,则当兼顾其不足,治疗时应配以扶阳或益阴之品。

(2)阴阳偏衰,治当"补其不足"

若阳虚不能制阴,表现为阳虚阴盛时,应补阳以制阴,用四逆汤。而阴虚不能制阳,表现为阴虚阳亢时,应滋阴以制阳,如少阴虚热咽痛用猪肤汤等。若阴阳两虚,治当阴阳两补,如附子汤、真武汤中用附子配芍药,是于"阳中求阴";而炙甘草汤用阿胶、麦冬、麻仁等配桂、姜、清酒,是于"阴中求阳"。此所谓"阳得阴助而生化无穷,阴得阳助而泉源不竭"。

此外,因有形之阴不能速生,须赖无形之阳才能化生,故《伤寒论》中对亡阳竭阴者,重在回阳救逆为急。如泄路尽开,"既吐且利,小便复利而大汗出"的四逆汤证及阴盛格阳的通脉四逆汤证等,皆以回阳为主,使阳回则阴自复。这是治疗阴阳两虚(亡)的法外之法。

5. 平升降

脏腑经络、阴阳气血矛盾运动的基本形式是升降出入。因此,六经病证往往表现为相应脏腑、经络、气血的升降出入障碍。治疗上,恢复其正常升降秩序是十分重要的,伤寒六经皆有升降,其中尤以少阳、太阴、厥阴为主。

(1)少阳为表里出入之枢

胆为"中精之腑",三焦总司人体气化,为水火之气运行的通道。少阳内系二腑,外邻太阳,里达阳明,为表里出入之枢,病入少阳,枢机不利,在外可见正邪分争,"往来寒热"。或表邪未尽,"发热,微恶寒"。在内可见邪结少阳,"胸胁苦满"。或疏泄失职,"口苦、咽干、目眩";或下迫肠道,呕利并作;或旁伐脾胃,"嘿嘿不欲食、喜呕、腹中痛";或阻滞三焦,"心下悸,小便不利"。因此,少阳病主方小柴胡汤的立方主旨在于寒热并用、攻补兼施、和畅气机。

(2)太阴、阳明为清浊升降之枢

太阴主脾,主升清;阳明主胃,主降浊。脾胃共为后天之本,居于中宫,通连上下,无论是有形之邪积,还是无形之邪扰,均可导致脾胃不和,升降紊乱,而出现一系列的临床表现:一是太阴清阳之气不升,可见"腹胀满"、"自利"、"喜唾"、"头眩"等。二是阳明浊阴之气不降,可见"心下痞"、"欲呕吐"、"噫气不除"、"喘冒不能卧"等。三是清气不升,浊阴不降并见,可见"头眩、腹满、小便难"、"干噫食臭、腹中雷鸣、下利"等。因此,恢复脾胃的清升浊降,常常是调节全身气机的关键。张仲景在《伤寒论》中,既有陷胸汤、旋复代赭汤等,除水饮、痰浊以畅中焦气机之法;也有栀子豉汤类方、大黄黄连泻心汤等清泻无形邪热,以利脾胃升降之法。既有承气釜底抽薪,存其阴、防其变、保胃气之法,也有理中类温中健脾,顾其阳、救其损、扶中气之法。此外,对寒热错杂于中,气机逆乱者,还有辛开苦降、清热温中等法,亦在恢复脾胃升降。

(3)厥阴为阴阳交接之枢

厥阴为六经之末,处于三阴交尽、阴尽阳升、极而复返之际,故为阴阳交接的枢纽。厥阴(心包,肝)功能正常,则脏腑气机升降协调,营卫气血循行通畅。既能使上焦清和,下焦温暖,又能使阴阳连贯,四肢温和。厥阴为病,究其病机,不外两端。一是上热下寒,阴阳失和。阴阳各趋其极,阳并于上则上热,阴并于下则下寒。如寒热格拒,上热则胃气不降,故呕吐或食入既吐;下寒则脾气不升,故见下利。治当用干姜黄芩黄连人参汤,寒温并用,辛开苦降,使阴阳顺和,升降协调而吐利俱止。二是阴阳胜复,出入失序。由于阴阳消长与邪气之弛张而表现出厥热胜复,为厥阴病的主要机转之一,也是厥阴病的主要证型之一。具体表现在四肢厥冷与发热的相互演变。其厥、热时间的长短,为决诊阴阳胜复的依据:若发热与肢厥时间相等,则象征着阴阳已渐趋平衡,是向愈之兆;发热时间多于肢厥,为阳能胜阴,邪将退舍之象;厥冷多于发热时,示正气衰退,阳弱阴盛之证,甚者"除中"而亡。厥回之后,发热不止,乃阳复太过,其临床表现或为热伤气分,汗出咽痛喉痹;或为热伤下焦血分,便血、发痈脓。

除上述以外,太阴、少阴亦有升降。如太阴肺与膀胱相表里,均与水液代谢有关。风寒外袭,既见鼻鸣干呕,无汗而喘,又见小便不利,故桂枝汤、小青龙汤、五苓散等,都有宣上启下之功。少阴心肾为水火之脏,邪致少阴,心肾虚衰,水火不济,既可见阳虚阴盛、寒水泛滥周身、上逆凌心,又可见阴虚阳亢、心烦不得卧、胸满咽痛,故真武汤、黄连阿胶汤、猪肤汤等,都有恢复心肾水火升降之功。

6.求同异

(1)同病异治

是指疾病症候虽同,但病因病机和发展阶段不同,故应采用不同的治疗方法。如同一水气病,既有因表证入腑、气化失司而致用五苓散的,又有汗下伤脾而用桂枝去桂加茯苓白术汤的;既有表邪外袭、兼寒饮内停而用小青龙汤的,又有少阳未解、兼寒饮内停而用柴胡桂枝干姜汤的;既有脾肾阳虚水停、水气泛滥而用真武汤的,又有心肾阳虚水停下焦而用苓桂甘枣汤的;既有少阴阴虚、水热互结而用猪苓汤的,又有汗下伤脾、阳虚饮停胃中而用茯苓甘草汤的。总之,其证虽同,然治法各异。

(2)异病同治

是指疾病不同,但在病变过程中出现了基本相同的病理变化和症候,故而采用相同的治疗原则。如"少阳八证",皆主以寒热并用、攻补兼施的小柴胡汤,疏利三焦,调达上下,宣通内外,和畅气机。此外如"胸满胁痛"、"胁下硬满"、"呕而发热"、"热入血室"等等,其症候虽然稍有差异,但病机均为少阳枢机不利,故宗"但有一证便是,不必悉俱"之旨,均宜用小柴胡汤和解之。

(二)治疗方法

1. 常用治疗方法

(1)汗法

汗法是运用发汗解表药物组成方剂,用来开泄腠理逐邪外出的治疗方法。《素问·阴阳应象大论》:"其有邪者,渍形以为汗;其在皮者,汗而发之。"①就是外感六淫之邪侵犯人体,大多始于皮毛,然后由表入里。当邪在皮毛肌表,还没有入里时就应采用汗法,使邪从外解,从而控制疾病的发展,达到早期治愈的目的。汗法在张仲景《伤寒杂病论》中一般用于初得风寒,头疼发热而恶寒,鼻塞身重而体疼,具体症状表现是"身体共疼"、"骨节烦疼"、"脉浮"、"外证未解"、"表证仍在"、"病在表"

---

① 程士德主编:《内经讲义》,上海科学技术出版社,1984年版,第170页。

等。张仲景的发汗方法主要有桂枝和麻黄二证：桂枝汤谐和营卫，以治表虚；麻黄汤发泄郁阳，以治表实。若细分张仲景的发汗方法，主要是桂枝加葛根汤治表虚而邪着经脉者；葛根汤治表实而邪着经脉者；大青龙汤辛发凉泻，以治表寒里热者。其他如桂枝麻黄各半汤、桂枝二麻黄一汤，桂枝二越婢一汤，并治表虚失汗。太阳诸汗症大略如此。更有直中表寒证，附子汤治重阳虚者，亦犹桂枝汤之例；麻附细辛、麻附甘草二方治病轻表闭者，亦犹麻黄汤之例，少阴病之治例大略如此。总之，一切阳虚者，皆宜补中发汗；一切阴虚者，皆宜养阴发汗；挟热者，皆宜清凉发汗；挟寒者，皆宜温经发汗；伤食者，则宜导滞发汗。重感而体实者，汗之宜重，用麻黄汤；感轻而体虚者，汗之宜轻，用香苏散。

运用汗法有一个总的原则就是必须具有表证的情况下，才能使用，反之，如果病势发展，表邪已经传里，就非汗法所宜。在《伤寒论》第十五章《辨不可发汗病脉证并治》中指出："少阴病，病为在里"，"荣气不足"，"脉见濡弱微涩"，"肺气虚"、"肝气虚"、"心气虚"、"肾气虚"、"咽中闭塞"、"阳盛阴虚"、"上实下虚"、"寒饮剧咳"、"寒盛阳虚"、"阴盛阳衰"、"阴阳俱虚"、"肺胃液亏"、"亡血"、"衄象"、"汗家"、"淋家"、"疮家"、"下利"、"阳虚咳嗽"、"少阳伤寒"、"太阳少阳并病"等症状不宜发汗。

（2）吐法

吐法是以有涌吐作用的方法，促使胃气上逆，让病邪或有害物质从口中吐出，从而缓和病势，达到治愈疾病的目的方法。凡是停留在胸腕部分的有形之邪，在汗之不可、下之不能的情况下，使用吐法，可以舒郁开结，宣通气机，排除邪病，免致流入肠腑，由轻转重。该法主要针对紧急病症，必须迅速吐出邪毒积结的实证。例如痰涎壅盛，阻塞咽喉，致令上焦不通，气息急迫的喉风、喉痹、乳蛾等症，可用吐痰解毒法；又如食停胃脘，不能消化，而胀满疼痛，或误食毒物，尚在胃内者，可用涌吐宿食法。在《伤寒杂病论》中常见的当吐症状是："胸中痞硬"、"胸中实"、"病在胸中"、"宿食在上管者"、"病胸上诸实"等。吐法的应用要注意的是两个问题：一是有的病不应当吐而用吐法治疗，就是误吐。《伤寒论》第十八章《辨不吐病证》条列举了不当吐而吐的病症：少阴病，饮食吃下去就吐，心中泛泛欲吐，又吐不出来，初得病时，四肢发冷，脉象弦迟，属胸中有实邪，不可使用下法；如果胸膈以上有寒饮，干呕的，不可使用吐法,应当用温法治疗。太阳病,治以吐法,但太阳病应当有恶寒症状,现在反而不恶寒,并且不想多穿衣服的,这是误用吐法而产生内烦的缘故。① 二是用吐法要察患者虚实,因人而用。对一般的慢性病患者或身体衰弱者,如妊娠后期或产后失血者,气虚而短气或喘息的患者,即使该用吐法也不能用吐法,避免伤元气,损胃阴。

（3）下法

下法有攻逐体内结滞,通泄大便并有排除蓄积、推陈致新的作用。凡邪在胃肠,燥屎停滞,热邪搏结以及水结、蓄血、痰滞等疾患,均可使用下法。由于下法能攻逐里实,故也称攻下法或攻里法。在《伤寒杂病论》中常见的症状有:"已入于腑","表已解而内不消,大满大实坚有燥屎","伤寒十三日,过经谵语者,以有热","表未解","结胸者","表解者","谵语有潮热,反不能食","大便难而谵语者","汗出谵语者","便黑者","胃中有燥屎者","屎硬","发热汗多","腹满病者","口燥咽干","腹胀,不大便者","有宿食"等。对这些症状要及时"下"之,若失时不下,则津液枯竭,身如槁木,势难挽回。在《伤寒杂病论》中也有不当下而下之者的禁忌,例如,伤寒表证未罢,病在阳时,若下之就形成结胸。病邪虽然已经入里,而散漫在三阳经络之间,还没有结实,若立即下之,就会形成痞气。在杂症当中,有年纪大而血气燥热不行者,有新产血枯不行者,有病后无津液者,有失血过多者,便秘者,不宜用下法,若误下,就会变证蜂起。《伤寒论》中还有应该下而不可下的病症,在第二十章《辨不可下病脉证并治》中张仲景说:"病在热邪传里,已成不可下之症,而其人脐之上下左右或有动气,则不可下";"咽中闭塞者不可下,下之则下轻上重,水浆不入,蹉卧,身疼,下利日数十行";"脉微弱者不可下";"脉浮大,按之无力者不可下";"脉迟者,不可下";"喘而胸满者不可下";"欲吐欲呕者不可下";"病人阳气素微者不可下";"病人平素胃弱,不能食者不可下";"病中能食,胃无燥屎也,不可下";"小便清者不可下";"病人腹满时减,得如故者不可下,若误下之,变症百出

---

① 张仲景著,柳术军编译:《精译伤寒杂病论》,中医古籍出版社,2003年版,第278页。

矣"①。

下法可分为寒下、温下、润下、逐水和攻补兼施诸法,要因人而异,辨证用之,下之适度。例如,张仲景用大承气汤必须针对痞满燥实的患者,如果只是痞满而不燥实者,只用泻心汤。痞满兼燥而不实者,张仲景只用小承气汤,除去芒硝,恐怕伤害下焦阴血。燥实在下而痞满轻者,张仲景只用调胃承气汤,除去枳朴,恐怕伤害上焦阳气。太阳伤风症,误下而传太阴,以致腹疼者,则用桂枝汤加芍药。大实痛者,桂枝汤加大黄。这都是解表之中攻里之法。邪从少阳来,就用大柴胡汤,是和解之中兼攻里。结胸证,项背强,从胸至腹硬满而痛,手不可近者,张仲景用大陷胸汤丸;若按不痛者,只用小陷胸汤丸;若寒实结胸,就用二白散热药攻之。太阳证未罢,口渴,小便短涩,大便如常,这是尿涩不通之症,用五苓散治;太阳传本,热结膀胱,其人如狂,少腹硬满而痛,小便自利者,此为蓄血下焦,应该用抵当汤丸。

(4)和法

凡有调和和解作用的称为和法。和法主要适用于少阳病以及肝脾(胃)不和等病症。少阳病症,邪在半表半里,发汗攻下均不相宜,唯有使用和解表里的方法,使邪从少阳枢机而解。若肝胃不和之证,也可使用和法,使之协调。因此,和法是适用于和解表里、调和肝胃或肝脾、调和上下寒热等证。张仲景在《伤寒论》第 387 条中说:霍乱病,呕吐腹泻已经停止,而身体疼痛仍然未除的,就当依据病情斟酌轻重和解其表,宜用小剂桂枝汤以微和之。② 这里就是指里病已除,而表病仍未尽解,故用善于调和营卫的桂枝汤和解之。《伤寒论》中小柴胡汤是和法的典型,第 97 条对小柴胡汤证的病机解释说:气血虚弱不足,腠里不固,外邪因而得入,邪气与正气互相搏强,郁结留于胁下,由于正邪不断争胜,所以出现往来寒热,并且发作停止有间歇的时间,少言懒语,不想喝水与吃东西。脏与腑互相联系,其疼痛部位,必然偏于下方。邪气在上,痛位在下,所以有呕吐症状。以上见证,用小柴胡汤主治。服柴胡汤以

---

①② 张仲景著,柳术军编译:《精译伤寒杂病论》,中医古籍出版社,2003 年版,第 281~296 页,第 175 页。

后,如果口中作渴,是病势转属阳明之证,可以按照治阳明的方法来治疗。① 可见,小柴胡汤之所以为和解主方,因其与正渐衰、邪不盛的病机相应。挟正祛邪、清里达表是小柴胡汤"和"的主要功能。和法也要因人因症而灵活运用,该和就和,还要注意邪有兼证,有兼表而和,有兼攻而和等。假如邪在少阳,而太阳、阳明证未罢,是少阳兼表邪也,小柴胡中须加表药,张仲景用柴胡加桂枝之例。如果邪在少阳,而兼里热,则便秘谵语燥渴之证生,小柴胡中须兼里药,张仲景用柴胡加芒硝。如果三阳合病,合目则汗,面诟谵语遗尿者,张仲景用白虎汤和解之。

(5)温法

凡用温性或热性药物,消除疾病的沉寒痼冷,有补助阳气作用的称为温法。温法在《伤寒杂病论》中适用的常见症状是真阳衰微,寒邪直中三阴,或热病汗下清凉太过,以致邪入三阴;"自利不渴者,属太阴,以其脏有寒故也"。"少阴病,脉沉者";"少阴病,饮食入口则吐……若膈上有寒饮,干呕者"等,都宜用温法。常用药物是干姜、附子、肉桂等,常用药方是四逆汤。对于素体阳虚之患者,"大病善后,喜睡,久不了了,胸中有寒,当以丸药温之,宜理中丸"。热伏于里,热深厥深,形成内真热而外假寒者,虚火内动,而见吐血、咳血、便血者;孕妇阴虚肝旺者;素体阴虚,舌苔红,咽喉干燥者,皆不宜用温法治疗。

(6)清法

凡用清凉性质的药物、方剂,治疗里热病症,起到热退病减作用的称为清法。凡病邪化热,燔灼阳津,热邪在里者,用此法,有清热保津、除烦解毒、凉血泻火的作用,是治疗热性病的主要法则。清法在张仲景《伤寒杂病论》中不见,所谓不见就是它不像汗、吐、下诸法的可与不可明白示人,而是随其病之所在而清解之,所谓仲景清凉无定法。但在书中确有种种清法存在,如白虎汤,清阳明气之法也;黄连阿胶汤,养阴清火之法也;白头翁汤,升散清火之法也;竹叶石膏汤,清三阳合并之法也;大黄黄连汤,清胃火之法也;茵陈蒿汤,清火泄满之法也;黄芩汤,清少阳之里之法也;小陷胸汤,清热散结之法也。至于清法辅他法而用者,如大青龙汤、栀子豉汤、小柴胡汤、泻心汤、黄连汤之类,更是不可胜

---

① 张仲景著,柳术军编译:《精译伤寒杂病论》,中医古籍出版社,2003年版,第50~51页。

数。清法虽能治疗热病,但也能损人阳气,对于表邪不解,阳气被郁而发热,体质虚弱,脏腑本寒,胃纳不健,大便溏泄等均不可用清法。

(7)消法

凡有消散、消导、破削作用的称为消法。就是《素问·至真要大论》中所说的"坚者削之"、"结者散之"的治疗原则。凡因于气、血、痰、食等所形成的积聚凝滞,都可用消法来治疗。凡病邪之有所结、有所滞、有所停留、有所淤郁,无论其在脏、在腑、在气、在经络,用种种方法使之消散于无形,皆为消法,或名为导法,也就是导行引散之意。消法在于攻补之间,又称为中治。下法是对燥矢、淤血、停痰、留饮等严重急迫有形实邪,采用攻逐通下之法;而消法是对一般慢性和症情较轻的积聚症瘕、食积、痰浊,非攻逐通下所宜的方法。消法的应用应该针对病因病机的不同而用不同的方法。症瘕积聚、气结血淤等症,应用消坚磨积、行气消淤的方法。饮食太过、脾胃失运、停食积滞、见嗳腐吞酸、胀满痞闷恶食等症者,可用消食导滞的方法。水积于胃脘,见到心下如杯如盘的方形积聚,甚或可闻水声,可用健脾化饮之法,如枳术汤(丸)之类。另外,有虫积、痰积、内外痈肿等病症,也可用消法治疗。消法的应用要注意以下三点:一是气虚中满的膨胀及阳虚不能化水的肿满。二是阴虚热病而见口渴不食或因脾虚而见腹胀便泻、完谷不化者。三是脾虚生痰者等不宜用消法。

(8)补法

是运用各种不同的补养方药,治疗虚证的大法。就是《素问·阴阳应象大论》中所说的"虚则补之""损则益之"。它是针对人体阴气血或某一脏腑的虚损而设的。在正气虚弱、不能祛除邪气的情况下使用补法,不仅能促使正气恢复,而且可以扶正以祛邪。补法分为补气、补血、补阴、补阳四类,具体应用时还要辨别五脏,视其何脏亏损,进行补益。在补五脏时又有直接补和虚则补、峻补和缓补的不同。补法应用还要分辨阴阳虚实,凡阳虚多寒者,宜补以甘温,而清润之品非所宜;阴虚多热者,宜补以甘凉,而辛燥之类不可用,补得其所,补得其源。补法的注意事项:一是"药补不如食补",食补不如精补,精补不如神补,节饮食,惜精神,用药得宜,病就痊愈得快。二是要抓住病症的本质,不为表里现象所迷惑,否则就会犯"误补益疾"之错。三是补法可祛邪,但若邪势旺盛,仍要以祛邪为主,或攻补兼施。四是补法方药要适当延长煎药时间。

上面介绍了张仲景常用的8种治法,在临床实践中,治法常配合应用,才能适应多变的病情。如:汗下并用、温清并用、攻补并用、清补并用、滋阴解表、助阳解表、和解兼发表、和解兼攻里等。《伤寒论》第173条:"伤寒,胸中有热,胃中有邪气,腹中疼,欲呕吐者,黄连汤主之。"这就是温清并用的典型方剂。

2. 外治法

张仲景创立了中医辨证论治的理论体系,纵观《伤寒杂病论》,不仅载有内治方剂,为历代医家重视,而且关于外治法也有精辟的论述和丰富的内容。

(1) 解表

温覆微汗 《伤寒论》第12条:太阳中风的桂枝汤证,治以解肌祛风,调和营卫。桂枝汤为张仲景群方之冠,其服法需药后啜粥以助药力,并且"温覆令一时许,遍身微似有汗者益佳,不可令如水流漓,病必不除。"温覆即覆盖衣被保暖,以促使汗出。《医宗金鉴》曰:"微似有汗,是授人以微汗之法也,不可令如水流漓,病必不除,是示人以不可过汗之意也。"①温覆微汗,不伤正气而邪随汗解,以达到调和营卫的目的。再如《伤寒论》第24条、第19条,桂枝加葛根汤、桂枝加厚朴杏子汤等,方后注曰:"覆取微似汗。"又如《伤寒论》第21条、第22条,桂枝加附子汤、桂枝去芍药汤、桂枝去芍药加附子汤等方后也都注有"将息如前法",以示服汤后必须温覆微汗,以祛表邪。

针刺泄风 《伤寒论》第24条:"太阳病,初服桂枝汤,反烦不解者,先刺风池风府,却与桂枝汤则愈。"本证属太阳中风桂枝汤证,服汤后反烦不解,为病重药轻,正邪相争较剧,致烦不解。风池穴,可祛风解表,清利头目。风府穴,可清热散风,化痰开窍。刺风池、风府可疏通太阳经脉,以取泄风邪之效。而后服桂枝汤解肌祛风,则病可愈。

熏以助汗 《伤寒论》第48条:"二阳并病……若太阳病症不罢者,不可下,下之为逆,如此可小发汗。设面色缘缘正赤者,阳气怫郁在表,

---

① 吴谦著:《医宗金鉴》,人民卫生出版社,1973年版,第91页。

当解之熏之……"成无己曰:"太阳病未解,并传于阳明,而太阳证未罢者,名曰并病。……太阳证未罢者,为表未解,则不可下,当小发其汗,先解表也。"①其解表之法,除可内服药物治疗外,还须用熏法取汗,以达到邪随汗解的目的。

(2)泻下

导法通便 《伤寒论》第233条:"阳明病,自汗出,若发汗,小便自利者,此为津液内竭,虽硬不可攻之,当须自欲大便,宜蜜煎导而通之。若土瓜根及大猪胆汁,皆可为导。"阳明病,自汗出,误用汗法,津液损伤,胃肠干燥,无以滋润,而致大便硬。自欲大便,而欲解不能,为无水舟停。张仲景用外导法,因势利导,治疗津液亏耗,大便燥结,干涩难下,而不堪用攻下剂者。其中,蜜煎导甘平而润,宜于肠中津液枯者。猪胆汁及土瓜根方均可苦降清热,适用于津亏而有热者。正如王晋三所云:"蜜煎外导者,胃无实邪,津液枯涸,气道结涩,燥矢不下,乃用蜜煎导之。虽曰外润魄门,实引导大肠之气下行也。……猪胆汁导者,热结于下,肠满胃虚,承气等汤恐重伤胃气,乃用猪胆汁之寒,苦酒之酸,收引上入肠中,非但导去有形之垢,并能涤尽无形之热。"②

(3)和解

针刺泄邪 《伤寒论》第142条:"太阳与少阳并病,头项强痛,或眩冒,时如结胸,心下痞硬者当刺大椎第一间、肺俞、肝俞,慎不可发汗……"第171条:"太阳少阳并病,心下硬颈项强而眩者,当刺大椎、肺俞、肝俞,慎勿下之。"以上两条病机基本一致,均为太阳、少阳并病。头项强痛,属太阳。眩冒,时如结胸,心下痞硬属少阳。刺大椎、肺俞,以泄太阳之邪,刺肝俞,以泄少阳之邪。"慎不可发汗"、"慎勿下之"均为少阳病的禁忌。可见这两条虽为太阳少阳并病,治法乃以和解泄邪为主。

(4)清热

针泻血热 《伤寒论》第143条:"妇人中风,发热恶寒,经水适来,得之七八日,热除而脉迟身凉,胸胁下满,如结胸状,谵语者,此为热入血室也。当刺期门,随其实而取之。"妇人中风为表证,而见发热恶寒,

---

① 成无己著:《注解伤寒论》,人民卫生出版社,1963年版,第73页。
② 王子接著:《绛雪园古方选注》,上海科学技术出版社,1982年版,第44页。

适逢月经来潮,病邪乘虚而入,与血搏结,而成热入血室之证。《伤寒论》第216条:"阳明病,下血谵语者。此为热入血室,但头汗出者,刺期门,随其实而泻之,濈然汗出则愈。"本证为阳明热盛,侵及血室,邪热迫血妄行,而见下血。以上两条症状虽表现不一,但病机均为热入血室,故治法相同,刺期门,以泻血分实热。

针泻肝热 《伤寒论》第108条:"伤寒,腹满谵语,寸口脉浮而紧,此肝乘脾也,名曰纵,刺期门。"伤寒,腹满谵语,为肝旺克脾。该书第112条:"伤寒发热,啬啬恶寒,大渴欲饮水,其腹必满……此肝乘肺也,名曰横,刺期门。"以上肝乘脾、肝乘肺,均可刺期门,以泻肝经之邪热,肝经邪热得泻,脾肺两经的症状则可自除。

(5) 温里

灸以复脉 《伤寒论》第292条:"少阴病,吐利,手足不逆冷,反发热者,不死;脉不至者,灸少阴七壮。"少阴病阳虚阴盛,手足不逆冷,为阳虚不甚。反发热,为阳能胜阴,故其预后断为不死。脉不至,乃吐利暴作,阳气乍虚,脉一时不能接续,所以可用灸法,一般认为可灸少阴经的太溪、复溜、涌泉等穴,以温通阳气,阳气通,则脉自至。

灸治下利 《伤寒论》第325条:"少阴病,下利,脉微涩,呕而汗出,必数更衣,反少者,当温其上,灸之。"少阴病下利,属虚寒。脉微涩,微为阳虚,涩为血虚。故本证当属阳虚血少。阳虚阴寒上逆则呕,卫外不固则汗出。数更衣,反少者,为大便次数多而量少。本证虽为阳虚血少,但仍以阳虚气陷为急,治当升举阳气。但若仅用升阳之剂,又有碍于阴寒上逆的呕逆,故用灸法温其上,正如喻嘉言所言:"于顶上百会穴中灸之,以温其上而升其阳,庶阳不至下陷以逼迫其阴,然后阴得安静不扰而下利自止耳。"①

艾灸救逆 《伤寒论》第343条:"伤寒六七日,脉微,手足厥冷,烦躁,灸厥阴……"成无己注曰:"伤寒六七日,则正气当复,邪气当罢,脉浮身热为欲解。若反脉微而厥,则阴胜阳,烦躁者阳虚而争也。灸厥阴以复其阳。"《伤寒论》第349条:"伤寒,脉促,手足厥逆,可灸之。"脉促多为热证,但本证手足厥逆而见脉促,则并非热证,而是阳虚。正如成无己所言:"脉促,则为阳虚不相续,厥逆,则为阳虚不相接,灸之以助阳

---

① 李培生主编:《伤寒论》,人民卫生出版社,1987年版,第455页。

气。"但阳虚何以会脉促,汪苓友解释曰:"阴寒之极,迫其阳气欲脱,脉亦见促……真阳之气本动,为寒所迫,则数而促,此理势之必然,人但知阴证之脉微迟,或绝不至,此其常,今特言脉促者,此其变,合常与变而能通之,始可以言医矣。"艾灸救逆,当灸何穴,张仲景论中言灸厥阴,一般认为可取厥阴经的井荥、经俞等穴。《伤寒论》第362条:"下利,手足厥冷,无脉者,灸之。"此条为下利、手足厥冷、无脉三者并见,亦可用灸法复脉、治利、救逆。

(6)固涩

温粉止汗 《伤寒论》第38条大青龙汤方后注曰:"取微似汗,汗出多者,温粉粉之。一服汗者,停后服。若复服,汗多亡阳,遂虚,恶风烦躁,不得眠也。"大青龙汤为发汗峻剂,但药后不宜大汗,取微似汗,得汗后要停止服药,否则大汗亡阳,而产生恶风烦躁,不得眠等症状。汗出多者,可用温粉扑之,以止汗。但温粉为何物,论中并未注明。后世医家记载不一,其中徐大椿在《伤寒论类方》中云:"此外治之法,论中无温粉方……后人用牡蛎、麻黄根、铅粉、龙骨亦可。"[1]此说似合张仲景之论,可从之。

针刺涩肠 《伤寒论》第308条:"少阴病,下利便脓血者,可刺。"本条叙证简略,且无可刺具体穴位,故对其证属寒属热,颇多争议。但本条文列于桃花汤证的条文之下,且所叙之症与第306条"少阴病,下利便脓血者,桃花汤主之"完全相同,故从整体来看,应与桃花汤证相同,可刺,可作为其治法的一种补充。桃花汤证为虚寒下利脓血,滑脱不禁,治以温中涩肠。正如《医宗金鉴》所言:"故此一刺,亦可辅桃花汤所不逮也。"参考有关文献,可针刺天枢、气海、关元、足三里、长强等穴,手法当以补法为宜。

(7)祛湿

灸祛寒湿 《伤寒论》第304条:"少阴病,得之一二日,口中和,其背恶寒者,当灸之,附子汤主之。"本条文应与第305条"少阴病,身体痛,手足寒,骨节痛,脉沉者,附子汤主之"互相发挥,说明少阴病阳虚寒湿证的证治。身体痛,手足寒,骨节痛,脉不浮而沉,为阳虚有寒。背恶寒,且口中和,为阳虚确据。"口中和"是本证的审证要点,若口中燥渴

---

[1] 徐大椿著:《伤寒论类方》,江苏科技出版社,1982年版,第21页。

而背恶寒,为热盛伤津,不可作阳虚治疗。阳虚寒湿,治当温经祛寒除湿,除服附子汤外,还可用灸法。至于当灸何穴,前人认为当灸膈俞、关元穴,可作参考。

(8)防变

针防传变 《伤寒论》第8条:"太阳病,头痛,至七日以上自愈者,以行其经尽故也;若欲作再经者,针足阳明,使经不传则愈。"邪犯太阳,病尚轻浅,有不药而愈的机转,7日以上可能自愈。但若正不胜邪,病情非但不愈,反而进一步向里发展,即所谓的"欲作再经",病可传入阳明。医者应明察病机,先安未受邪之地,针刺足阳明经穴,疏通经气,扶正祛邪,自能防传经之变,即所谓"针足阳明,使经不传则愈"。当刺何穴,前人认为可刺足三里、冲阳穴,可作参考。

此外《伤寒论》中尚多处列举了误用外治法出现的变证,如:灌、温针、烧针、火劫、被火、火迫、火熏、热熨等。

(三)针灸疗法

张仲景是一位针灸和药物并重的医家,在其著作《伤寒杂病论》中,直接与针灸有关的条文达69条,应用的穴位有风池、风府、期门、巨阙、大椎、肺俞、肝俞、劳宫、关元等9个。他的针灸学说,承自《内经》,基本原则即辨证论治,基本方法是因势利导,用针刺祛邪,温灸扶正,既重视针灸的治疗作用,又针对当时普遍使用温针、火法产生很多误治变证的情况,阐明误用的危害,提出一些切实有效的救逆方法。

1. 预防疾病,利于养生

治未病思想包括未病早防与已病早截。未病早防,为未病之前,要注意摄生保养,抵御外邪侵犯,使不发病;既病之后,要及早治疗,先治未病之脏,如"见肝之病,知肝传脾,当先实脾"之类。《金匮要略》第一章《脏腑经络先后病脉证》谓:"若人能养慎,不令邪风干忤经络;适中经络,未流传脏腑,即医治之。四肢才觉重滞,即导引、吐纳、针灸、膏摩,勿令九窍闭塞。"已病早截,是指对疾病的传变进行早期治疗。如《伤寒论》第8条:"太阳病,头痛至七日以上自愈者,以行其经尽故也;若欲作再经者,针足阳明,使经不传则愈。"因为张氏认为疾病若不进入脏腑,那么就会在经脉之间相传,此时就会有一个6日的循环规律,至第7日传遍六经,就会出现向愈的机转,若不向愈,则有可能出现第二次循环,为了阻止第二次循环,即可针刺足阳明经,使邪不传经而病获痊愈。

2. 综合辨证,求本论治

针灸辨证,包括六经辨证、脏腑辨证和八纲辨证,具体运用时则各有偏重。如《伤寒论》第142条:"太阳与少阳并病,头项强痛,或眩冒,时如结胸,心下痞硬者,当刺大椎第一间、肺俞、肝俞,慎不可发汗,发汗则谵语,脉弦。五日谵语不止,当刺期门。"头项强痛属太阳,眩冒、胸胁痞满乃少阳经气不舒,且邪渐入里而时如结胸,不宜汗下,宜以针治。督脉主诸阳,刺大椎以泄阳气,刺肺俞以泻太阳之邪,刺肝俞以泻少阳之邪,若误汗伤津损胃,少阳风木火炽而见谵语脉弦,当刺肝之募穴期门以泻木火。可见此条辨证则是六经辨证与脏腑辨证并重,而治疗则是以经络学说为指导。至于论治,张仲景多是在辨分六经和八纲的基础上,贯彻《素问·至真要大论》"必伏其所主,而先其所因"的原则,治病求本,或同病异治,或异病同治。同病异治者,如同为下利,治疗有补泻之别。《伤寒论》第308条"少阴病,下利便脓血者,可刺",本证见便脓血,属实热,故治以刺法泻其实热;第325条"少阴病,下利,脉微涩,呕而汗出,必数更衣,反少者,当温其上,灸之",是说下利之阴虚血少、汗出亡阳者,当用灸法急救回阳,温补其虚寒。异病同治者,如前述刺期门一条,病情发展变化不同,症状有别,但治法则一;还有热入血室之证,临床表现更是不同,但病机皆为肝热,故泻肝之募穴而取佳效。

3. 区分针灸,明确补泻

张仲景认为针刺有泻实泄热作用,艾灸有温阳散寒作用,故用针法以泻邪气之实,以灸法以扶正气之虚。病在三阳者,多为实证或热证,宜用针刺以泄热邪,偶亦用于三阴病之实热证;病在三阴者,多为阳虚

五、八法并用 内外兼攻 135

针灸治疗

阴盛之证,宜用灸法,以温阳散寒。太阳病之虚寒变证亦可使用灸法。在《伤寒论》论及的有关针刺的 10 条条文中,有 2 条明言针刺期门,随其实而泻之,而第 115 条"脉浮热甚,而反灸之,此为实。实以虚治,因火而动,必咽燥吐血",明确指出灸法主要治疗虚证,用于实证是为误用,当需禁用。

4. 针灸药物,配合使用

张仲景强调针灸药物合用的重要性,认为有的病应该针灸、药物并用,或以针灸治疗为主,药物治疗为辅,或以药物治疗为主,针灸治疗为辅,或以针灸救药物,或以药物救针灸。如《伤寒论》第 24 条:"太阳病,初服桂枝汤。反烦不解者,先刺风池、风府,却与桂枝汤则愈。"本条因已服桂枝汤病不但不解,反增闷乱烦躁,可知再服亦将有弊无利,故治当针刺风池、风府,泄太阳之风邪以挫病势,再趁势服桂枝汤调和营卫,扶正祛风,以清余邪。《伤寒论》第 304 条"少阴病,得之一二日,口中和,其背恶寒者,当灸之,附子汤主之",此症阳气极虚而阴寒内盛,故温灸与热药并用。第 231 条"刺之小差,外不解,病过十日,脉续浮者,与小柴胡汤",本条属阳明中风之湿热郁闭证,因其病情复杂,解表攻里均非所宜,药治诚为棘手,故先用刺法宣泄阳热,"刺之小差"说明病已减轻,"病过十日,脉续浮者"提示病有向外之机,可用小柴胡汤疏利,清解表里。这些均属针、灸、药并用,以针治为主。如在治疗"热入血室"一证时,既有以方药为主(如小柴胡汤等),也有以针灸为主(如针刺期门等),根据不同病情取各法之长,以提高疗效。

5. 阳证宜针,阴证宜灸

阳证宜针,阴证宜灸,是张仲景针灸学说中的主要观点之一。在与针灸直接相关的 69 条条文中,《伤寒论》中属于正确治疗的针灸条文计 18 条。18 条中属于三阳篇的有 11 条,其中针刺法占 10 条,仅 1 条为灸(即桂枝加桂汤条),此条虽属三阳篇用灸,却是针对寒邪而设,寒则用温热之法,与阳证宜针、阴证宜灸学说并不相悖。属于三阴篇的有 7 条,其中灸治法占 6 条,仅 1 条为用针之法(即"少阴病、下利,便脓血者,可刺"),此条虽属少阴病,却是邪陷血中,为实热,故用实则泻之之法,与阳证用针、阴证用灸学说亦不相悖。而《伤寒论》中属于误治的针灸条文有21条,其中属于三阳篇的有17条。误治的原因,均与热证用灸有关。属于三阴篇仅1条(即"少阴病,咳而下利,谵语者,被火气劫故也。小便必难,以强责少阴汗也"),此虽属阴证用灸,但为阴虚,故有此变证。属于其他篇的有3条,均为伤寒化热传里之候,误用火热治疗导致坏证。可见,张仲景认为阳证用针刺、阴证用灸法治疗,一般不出现变证、坏证。而阳证用灸易出现变证、坏证;阴证用针则是在特殊情况下使用。

6. 阳盛阴虚,忌用火灸

张仲景认为火当包括艾灸、熏熨、温针、烧针等内容,阳实证不宜用火治。如《伤寒论》第115条:"脉浮热甚,而反灸之,此为实,实以虚治。"可致火邪上越,热伤阳络,"因火而动,必咽燥吐血"。《伤寒论》第114条"太阳病,以火熏之,不得汗,其人必躁,到经不解,必清血,名为火邪",说明太阳病不能以火熏取汗,纵令汗出,亦由火力劫迫所致,阳实证用此法,于治为逆,故出现燥扰便血等症。至于阴虚的热证,不但较为猛烈的火热疗法不能运用,即使是火热比较温和的灸法,也应忌用。如《伤寒论》第284条"少阴病,咳而下利,谵语者,被火气劫故也;小便必难,以强责少阴汗也",说明少阴受邪,本可用温药扶阳兼驱邪,但火劫迫使汗出,则阳未复而阴已伤,故产生变证。又如《伤寒论》第116条:"微数之脉,慎不可灸,因火为邪,则为烦逆,追虚逐实,血散脉中,火气虽微,内攻有力,焦骨伤筋,血难复也。"阴虚之人,筋骨本失濡养,今用灸法火力虽微,也易使津液受伤,加重阴虚,从而出现枯槁之形,或促使疾病恶化,故宜慎用。阳证虽然忌火,但也有例外,如第48条:"二阳并病……设面色缘缘正赤者,阳气怫郁在表,当解之熏之。"因阳热在表,法可透散,故借熏法的透散能力以祛热,此与阳实在里当用清法以及"阳盛阴虚忌用火灸"不同。

总之,张仲景在针灸方面确立的辨证论治原则和扶正祛邪、因势利导的治疗方法,不但指导临床用药,也指导针灸治疗。六经辨证论治中蕴藏的八纲辨证和八法论治同样作为针灸治疗的依据。在一定条件下,将方药和针灸配合使用,各扬其长,以收相得益彰之效。误用针灸特别是误用火法具有危害性,并论述了救逆之法。所有这些经验,对后世针灸学的发展产生了很大的影响。

(四)"治未病"思想

张仲景"治未病"的学术思想,渊源于《黄帝内经》,如《素问·四气调神大论》云:"圣人不治已病,治未病,不治已乱,治未乱。"即强调人在未病之先,就应该注意适应四时阴阳的变化与万物生长收藏的规律进行养生,调摄体内的正气,以预防疾病的发生。所谓"正气存内,邪不可干","精神内守,病安从来"。一个高明的医生应该告诉人们怎样养生,使经络、脏腑、营卫、气血功能协调而不发病。然而,这只不过是古人对养生防病的一种高层次的理念和追求。实际上,也许有的人能够做到,有的人就做不到,尤其是辛苦劳作的平民百姓更难做到。若在兵荒马乱、疫疠横行之年,则"家家有僵尸之痛,室室有号泣之哀"。故张仲景在《伤寒杂病论》中对前人"治未病"的理论进行了合理的阐发与运用。

1. 未病先防

《金匮要略》第一章《脏腑经络先后病脉证》指出:"夫人禀五常,因风气而生长,风气虽能生万物,亦能害万物。"说明人体的生理活动和病理变化与自然界息息相关,自然界正常的气候能生长万物,异常的气候则伤害万物,对人体亦不例外。但是,如果人们能够顺应四时气候的变化,调养精神形体,并能预先避免异气的侵袭,便可防止疾病的发生,所以又说:"若五脏元贞通畅,人即安和……若人能养慎,不令邪风干忤经络,适中经络,未流传腑脏,即医治之……病则无由入其腠理。"

《伤寒论》第十三章《伤寒例》亦指出:"春气温和,夏气暑热,秋气清凉,冬气冰列,此则四时正气之序也。冬时严寒,万类深藏,君子固密,则不伤于寒,触冒之者,乃名伤寒耳。"北宋大医学家庞安时,以善医伤寒著名,人谓"庞安时能与伤寒说话",他在《伤寒总病论·叙论》中首先引用了这节内容,并加以阐发:"君子善知摄生,当严寒之时,周密居室,而不犯寒毒。其有奔驰荷重劳力之人,皆辛苦之徒也,当阳气闭藏,反扰动之,令郁发腠理,津液强清,为寒所搏,腠理反密,寒毒与荣卫相浑。当是之时,勇者气行则已,怯者则著而成病矣。"①同时,他对"春夏养阳,秋冬养阴"的理论亦有独到的见解:"君子春夏养阳,秋冬养阴,顺天地之刚柔也。谓时当温,必将理以凉,时当暑,必将理以冷,凉冷合宜,不可太过,故能扶阴气以养阳气也。时当凉,必将理以温,时当寒,必将理以热,温热合宜,不可太过,故能扶阳气以养阴气也。阴阳相养,则人气和平。有人好摄生者,盛夏仍复衣避风,饮食必热,而成发黄脱血者多矣。盛寒之时云井暖,当服以凉药,而成吐利腹痛者多矣。"②庞安时不愧是研究伤寒的大家,他不仅继承了前人养生防病的理论,而且提出了药物预防的观点和方法。他认为:"天地有斯害气,还以天地所生之物以防备之,命曰贤不知方矣。"这句话的意思是说,自然界既然有这种危害生命的物质,我们也应以自然界所产生的物质去防范它。庞氏介绍了屠苏酒、辟温粉、研雄黄并嚏法等预防寒毒、温毒等疫病的方药,有的至今仍在民间沿用。

2. 有病早治

大凡外邪侵犯人体,多有一个由表入里、由浅到深、由皮毛肌腠到经络,进而入脏腑的传变规律。张仲景认为,人若患病,必须尽早治疗,及时服药,切忌隐瞒忍耐,抱侥幸获愈的心理。如《伤寒论》第十三章《伤寒例》云:"凡人有疾,不时即治,隐忍冀差,以成痼疾,小儿女子,益以滋甚。时气不和,便当早言,寻其邪由,及在腠理,以时治之,罕有不愈者。患人忍之,数日乃说,邪气入藏,则难可制。此为家有患,备虑之要。凡作汤药,不可避晨夜,觉病须臾,即宜便治,不等早晚,则易愈矣。若或差池,病即传变,虽欲除治,必难为力。"告诫患者要尽早求医,明诉病情,及时服药,以免小病养成大患。同时也向医者提示了早期诊断、早期治疗的重要意义。

有些疾病,早期可能在患者身上没有什么症状,或有症状亦不甚显

---

①② 庞安时著:《伤寒总病论》,人民卫生出版社,1989年版,第157、122页。

露,这就要求医生细心观察,见微知著,采取果断措施。如《伤寒论》有急下、急温的例证,便是张仲景留给后人的启示。

3. 既病防变

在治疗疾病的过程中,要时刻注意病情的发展变化,掌握主动权,以防病邪深入传变。这是张仲景"治未病"学术思想的又一重要内容。张仲景在《金匮要略》第一章《脏腑经络先后病脉证》中提出的"夫治未病者,见肝之病,知肝传脾,当先实脾",就是运用五行预测病情的传变和转归,培土健脾,先安未受邪之地,防止病情深入。他还提出:"适中经络,未流传脏腑,即医治之。四肢才觉重滞,即导引吐纳,针灸膏摩,勿令九窍闭塞。"这是根据经络学说的理论,及时疏通气血,不使邪气内结,阻碍脏腑功能而加重病情。

此外,根据经气运行的规律,采用针刺的方法以截断传经,在《伤寒论》中亦不乏其例。第 8 条说:"太阳病,头痛,至七日以上自愈者,以行其经尽故也;若欲作再经者,针足阳明,使经不传则愈。"针足阳明,庞安时认为是刺足三里以实阳明胃气,阻邪内传。此与《金匮要略》"当先实脾"的观点互为呼应,也符合张仲景所谓"四季脾王不受邪","阳明居中,属土也,万物所归,无所复传"的学术思想。现代研究证明,针刺或艾灸足三里,确有增强机体免疫系统功能,抗衰老,养生防病的作用。

4. 先病服药

在病症尚未发作之前预先服药,以助正祛邪,则是张仲景对"治未病"的创造性运用。如《伤寒论》第 54 条:"病人藏无他病,时发热自汗出而不愈者,此卫气不和也。先其时发汗则愈,宜桂枝汤。"这里的"先其时",乃指发热汗出在病症出现之前,如成无己曰:"所谓先其时者,先其发热汗出之时,发汗则愈。"①先其时亦可在卫气开始运行于太阳经脉之时,所谓"目张则气上行",即于平旦服药,以使卫气与营气谐和。

又如《金匮要略》第四章《疟病脉证并治》蜀漆散方后注云:"未发前

---

① 成无己著:《注解伤寒论》,人民卫生出版社,1963 年版,第 73 页。

以浆水服半钱;温疟加蜀漆半分,临发时服一钱匕。"张仲景认识到疟病的服药时间对疗效有重大影响,提出了预先服药的方法,时至今日,仍有很高的科学价值和指导意义。张仲景对某些病症提出在未发之前服药,实开后世"截断疗法"之先河。

对一些慢性、季节性多发病,根据人与自然相应的规律(如五运六气),采取适当的治疗和调养措施,在病气未发或缓解之时先安脏腑,顾护正气,亦可收到预期的疗效。如冬季水寒当令,若在夏季调治肺、脾、肾,实其脏气,可使冬季易发之寒饮喘咳症易于控制或根治,此为"冬病夏治";夏季火热上炎,若在冬季滋养肝、脾、肾,实其脏气,又可防止肝病在春夏复发或加重,此为"夏病冬治"。

六、组方用药精当　方书鼻祖名扬

方剂是由单味药的使用发展到多味药的混合使用。对某一病症同时使用多味药，其中必然存在一个配伍问题。药物通过配伍可以发挥它的综合作用，并且能够调和药物的偏胜、减少或消除某些药物的毒性和副作用，更好地发挥其药效。运用方剂必须以治法为指导，通过辨证，明确诊断以后，首先决定治法，然后选用适当的方剂，再根据不同的病情随证加减，切忌机械地套用成方。制方的适宜与否主要看对药性四气五味的配伍是否恰当。张仲景所著的《伤寒杂病论》中360首经方的方义、配伍以及调服时间和方法都极为精当，法随证立，方依法制，药味无多，配合得宜，经历两千多年历代医家临床验证，疗效甚佳，只要辨证准确而施用之，无不如响斯应，被世人誉为"医方之祖"。柯韵伯在《伤寒论翼·制方大法》中说："仲景制方不于病而命名，唯求证之切当，知其机，得其情，凡中风、伤寒、杂病，宜主某方，拈来无不合法。"刘宗迈先生称赞张仲景方"无一药之虚设，无一方之混同"。陈修园说："《内经》详于针灸。汤液治病始自伊尹、扁鹊、仓公因之。至仲景专以方药为治，而集群圣之大成。"张仲景制方有法，善于用方治病，法垂后世。

（一）医方来源

张仲景《伤寒杂病论》里面所集的医方,其来源有三:一是禁方,二是经方,三是新方。什么是禁方呢？禁,就是巫祝的把戏——禁咒,也就是用符驱使鬼神替人治病的骗人手段。东汉时有名的巫医费长房,就能"医疗众病,鞭笞百鬼"。巫祝会医病,因为他们同时也掌握着秘方；但他们都是巫,因此就假鬼神以神其技,其实治病有效确实是靠方药的。这些秘方就是禁方,意思是禁咒疾病的方(禁,从示。是祈祷的另一种方式)。禁方也叫越方,《后汉书·方技传》"赵炳能为越方。注:越方善禁咒也"(笔者疑越婢汤是得之于会禁咒之婢的禁方,故名)。禁方在当时是师弟相传的秘方,并不公开,但部分方药治病有效是可以肯定的。《史记》载扁鹊替人治病,到处有名,他就靠长桑君授给他禁方。扁鹊并不能医,自从得了长桑君的禁方,便为名医,可见禁方是有效的。《史记》记载仓公少喜医方,后来同郡名医公乘阳庆使意尽去其故方,更悉以禁方授给他,仓公后来也成名医,史载他的治验病例很详细。因为禁方是秘传的,容易遗失,张仲景所得也不多。如含有迷信色彩的大青龙汤、小青龙汤、白虎汤、真武汤(本作玄武)、越婢汤、阳旦汤这些或许是禁方。"经方"大多数是采用主药为方名的,如麻黄汤、桂枝汤等,但也有特别另标方名的,今考张仲景书医方标名的依据,除了以主药为方名的,如麻黄汤、桂枝汤等和经加减成为定剂的新方外,大约有四种：(1)依功用标名的,如陷胸汤、泻心汤、建中汤、理中汤、承气汤、下淤血汤、抵当汤等。(2)以所主治病状标名的,如四逆汤、四逆散(其实不治四逆)等。(3)所主治病症之名为方名的,如肾气丸、奔豚汤等。(4)以所配药物形色标名的,如桃花汤、三物白散等。只是青龙、白虎、玄武(今作真武因宋人林亿校正《伤寒论》时避国讳而改)、阳旦等汤名,并不属于这四种性质。而青龙、白虎等又系巫祝或方士们用以代表方位的名称,和符箓、禁咒等如出一辙。张仲景的故乡南阳一带,道教极盛。而和南阳毗邻的颍川、汝南、陈国等处又为黄巾军起义的中心地带,所以张仲景能够运用部分禁方于临床也是有可能的,这是张仲景医方的来源之一。至于经方之名,首见《汉书》。大概是古代医药家所记录的常用效方。这些效方,经多年累积,为数不少,班固所见有19卷,而谢承《汉志》说:"经方十一家二百七十四卷。"可见经方的数量是相当可观的。后汉时搜集民间验方是有专门官署负责的。《后汉书·百官志》载:"少府太医令属员有药丞、方丞各一人。"药丞大概主管采制药物,方丞可能主管医方的搜集和研究。这样看来,所谓经方,也就是民间经常应用的验方,由官署整理编订的方书和禁方不同。《汉书·艺文志》有汤液经法32卷,应属于这一类。张仲景少时从张伯祖学医,及长,又接触过许多人物,当然看到官定经方书籍,这是张仲景医方来源之二。再说新方,张仲景在临床的时候,除了选用旧传秘方和民间验方外,还加减旧方,自创新方,以适应疾病的变化,如桂枝加芍药、生姜、人参汤,桂枝加葛根汤,桂枝去芍药加附子汤,桂枝二麻黄一汤等都是,这是张仲景医方来源之三。

(二)方剂及适应症

根据《长沙方歌括》方歌辑录,张仲景根据六经辨证的方剂名称如下[①]:

(1)太阳方

桂枝汤

歌曰:项强头痛汗憎风,桂芍生姜三两同,
　　　枣十二枚甘二两,解肌还藉粥之功。

桂枝加葛根汤

歌曰:葛根四两走经输,项背几几反汗濡,
　　　只取桂枝汤一料,加来此味妙相须。

---

① 北京中医药大学伤寒教研室:《长沙方歌括白话解》,人民卫生出版社,1999年版,第11~25页。

桂枝加附子汤

歌曰：汗因过发漏漫漫，肢急常愁伸屈难，
　　　尚有尿难风又恶，桂枝加附一枚安。

桂枝去芍药汤、桂枝去芍药加附子汤

歌曰：桂枝去芍义何居，胸满阴弥要急除，
　　　若见恶寒阳不振，更加附子一枚俱。

桂枝麻黄各半汤

歌曰：桂枝一两十六铢，甘芍姜麻一两符，
　　　杏廿四枚枣四粒，面呈热色痒均驱。

桂枝二麻黄一汤

歌曰：一两六铢芍与姜，麻铢十六杏同行，
　　　桂枝一两铢十七，草两二铢五枣匡。

白虎加人参汤

歌曰：服桂渴烦大汗倾，液亡肌腠涸阳明，
　　　膏斤知六参三两，二草六粳米熟成。

桂枝二越婢一汤

歌曰：桂芍麻甘十八铢，生姜一两二铢俱，
　　　膏铢廿四四枚枣，要识无阳旨各殊。

桂枝去桂加茯苓白术汤

歌曰：术芍苓姜三两均，枣须十二效堪珍，
　　　炙甘二两中输化，水利邪除立法新。

甘草干姜汤

歌曰：心烦脚急理须明，攻表误行厥便成，
　　　二两炮姜甘草四，热因寒用奏功宏。

芍药甘草汤

歌曰：芍甘四两各相均，两脚拘挛病在筋，
　　　阳旦误投热气烁，苦甘相济即时伸。

调胃承气汤

歌曰：调和胃气炙甘功，硝用半升地道通，
　　　草二大黄四两足，法中之法妙无穷。

四逆汤

歌曰：生附一枚两半姜，草须二两少阴方，
　　　建功姜附如良将，将将从容藉草匡。

葛根汤

歌曰：四两葛根三两麻，枣枚十二效堪嘉，
　　　桂甘芍二姜三两，无汗憎风下利夸。

葛根加半夏汤

歌曰：二阳下利葛根夸，不利旋看呕逆嗟，
　　　须取原方照分两，半升半夏洗来加。

葛根黄芩黄连汤

歌曰：二两连芩二两甘，葛根八两论中谈，
　　　喘而汗出脉兼促，误下风邪利不堪。

麻黄汤

歌曰：七十杏仁三两麻，一甘二桂效堪夸，
　　　喘而无汗头身痛，温覆休教粥到牙。

大青龙汤

歌曰：二两桂甘三两姜，膏如鸡子六麻黄，
　　　枣枚十二五十杏，无汗烦而且躁方。

小青龙汤

歌曰：桂麻姜芍草辛三，夏味半升记要谙，
　　　表不解分心下水，咳而发热句中探。

加减歌曰：若渴去夏取蒌根，三两加来功亦壮；微利去麻加荛花，熬赤取如鸡子样；若噎去麻炮附加，只用一枚功莫上；麻去再加四两苓，能除尿短小腹胀；若喘除麻加杏仁，须去皮尖半升量。

桂枝加厚朴杏仁汤

歌曰：下后喘生及喘家，桂枝汤外更须加，
　　　朴加二两五十杏，此法微茫未有涯。

干姜附子汤

歌曰：生附一枚一两姜，昼间烦躁夜安常，
　　　脉微无表身无热，幸藉残阳未尽亡。

桂枝加芍药生姜人参新加汤

歌曰：汗后身疼脉反沉，新加方法轶医林，

方中姜芍还增一,三两人参义蕴深。

麻黄杏仁甘草石膏汤

歌曰:四两麻黄八两膏,二甘五十杏同熬,
　　　须知禁桂为阳盛,喘汗全凭热势操。

桂枝甘草汤

歌曰:桂枝炙草取甘温,四桂二甘药不烦,
　　　叉手冒心虚已极,汗多亡液究根源。

茯苓桂枝甘草大枣汤

歌曰:八两茯苓四桂枝,炙甘四两悸堪治,
　　　枣推十五扶中土,煮取甘澜两度施。

厚朴生姜甘草半夏人参汤

歌曰:厚朴半斤姜半斤,一参二草亦须分,
　　　半升夏最除虚满,汗后调和法出群。

茯苓桂枝白术甘草汤

歌曰:病因吐下气冲胸,起则头眩身振从,
　　　茯四桂三术草二,温中降逆效从容。

芍药甘草附子汤

歌曰:一枚附子胜灵丹,甘芍平行三两看,
　　　汗后恶寒虚故也,经方秘旨孰能攒。

茯苓四逆汤

歌曰:生附一枚两半姜,二甘六茯一参当,
　　　汗伤心液下伤肾,肾躁心烦得媾昌。

五苓散

歌曰:猪术茯苓十八铢,泽宜一两六铢符,
　　　桂枝半两磨调服,暖水频吞汗出苏。

茯苓甘草汤

歌曰:汗多不渴此方求,又治伤寒厥悸优,
　　　二桂一甘三姜茯,须知水汗共源流。

栀子豉汤

歌曰:山栀香豉治何为,烦恼难眠胸窒宜,
　　　十四枚栀四合豉,先栀后豉法煎奇。

栀子甘草豉汤、栀子生姜豉汤

歌曰：栀豉原方效可夸，气羸二两炙甘加，

若加五两生姜入，专取生姜治呕家。

栀子厚朴汤

歌曰：朴须四两枳四枚，十四山栀亦妙哉，

下后心烦还腹满，止烦泄满效兼该。

栀子干姜汤

歌曰：十四山栀二两姜，以丸误下救偏方，

微烦身热君须记，辛苦相需尽所长。

真武汤

歌曰：生姜芍茯数皆三，二两白术一附探，

使短咳频兼腹痛，驱寒镇水与君谈。

加减歌曰：咳加五味要半升，干姜细辛一两具；小便若利恐耗津，须去茯苓肾始固；下利去芍加干姜，二两温中能守住；若呕去附加生姜，足前须到半斤数。

小柴胡汤

歌曰：柴胡八两少阳凭，枣十二枚夏半升，

三两姜参芩与草，去渣重煎有奇能。

加减歌曰：胸烦不呕除夏参，蒌实一枚应加煮，若渴除夏加人参，合前四两五钱与；蒌根清热且生津，再加四两功更钜；腹中痛者除黄芩，芍加三两对君语；胁下痞鞕大枣除，牡蛎四两应生杵；心下若悸尿不长，除芩加茯四两侣；外有微热除人参，加桂三两汗休阻，咳除参枣并生姜，加入干姜二两许；五味半升法宜加，温肺散寒力莫御。

小建中汤

歌曰：建中即是桂枝汤，倍芍加饴绝妙方，

饴取一升六两芍，悸烦腹痛有奇长。

大柴胡汤

歌曰：八柴四枳五生姜，芩芍三分二大黄，

半夏半升十二枣，少阳实证下之良。

柴胡加芒硝汤

歌曰：小柴分两照原方，二两芒硝后入良，

误下热来日晡所，补兼荡涤有奇长。

桃核承气汤
歌曰：五十桃仁四两黄，桂硝二两草同行，
　　　膀胱热结如狂证，外解方攻用此汤。

柴胡加龙骨牡蛎汤
歌曰：参苓龙牡桂丹铅，苓夏柴黄姜枣全，
　　　枣六余皆一两半，大黄二两后同煎。

桂枝去芍药加蜀漆牡蛎龙骨救逆汤
歌曰：桂枝去芍已名汤，蜀漆还加龙牡藏，
　　　五牡四龙三两漆，能疗火劫病惊狂。

桂枝加桂汤
歌曰：气从脐逆号奔豚，汗为烧针启病源，
　　　只取桂枝汤本味，再加二两桂枝论。

桂枝甘草龙骨牡蛎汤
歌曰：二甘一桂不雷同，龙牡均行二两通，
　　　火逆下之烦躁起，交通上下取诸中。

抵当汤
歌曰：大黄三两抵当汤，里指任冲不指胱，
　　　虻蛭桃仁各三十，攻其血下定其狂。

抵当丸
歌曰：卅五桃仁三两黄，虻虫水蛭廿枚详，
　　　捣丸四个煎宜一，有热尿长腹满尝。

大陷胸丸
歌曰：大陷胸丸法最超，半升葶苈杏硝调，
　　　项强如痓君须记，八两大黄取急消。

大陷胸汤
歌曰：一钱甘遂一升硝，六两大黄力颇饶，
　　　日晡热潮腹痛满，胸前结聚此方消。

小陷胸汤
歌曰：按而始痛病犹轻，脉络凝邪心下成，
　　　夏取半升连一两，栝蒌整个要先烹。

文蛤散
歌曰：水澳原逾汗法门，肉中粟起更增烦，

意中思水还无渴,文蛤磨调药不繁。

白散
歌曰:巴豆熬来研似脂,只须一分守成规,
　　　更加桔贝均三分,寒实结胸细辨医。

柴胡桂枝汤
歌曰:小柴原方取半煎,桂枝汤入复方全,
　　　阳中太少相因病,偏重柴胡作仔肩。

柴胡桂枝干姜汤
歌曰:八柴二草蛎干姜,芩桂宜三栝四尝,
　　　不呕渴烦头汗出,少阳枢病要精详。

半夏泻心汤
歌曰:三两姜参炙草芩,一连痞证呕多寻,
　　　半升半夏枣十二,去滓重煎守古箴。

十枣汤
歌曰:大戟芫花甘遂平,妙将十枣煮汤行,
　　　中风表证全除尽,里气未和此法程。

大黄黄连泻心汤
歌曰:痞证分歧辨向趋,关浮心痞按之濡,
　　　大黄二两黄连一,麻沸汤调病缓驱。

附子泻心汤
歌曰:一枚附子泻心汤,一两连芩二大黄,
　　　汗出恶寒心下痞,专煎轻渍要参详。

生姜泻心汤
歌曰:汗余痞证四生姜,芩草人参三两行,
　　　一两干姜枣十二,一连半夏半升量。

甘草泻心汤
歌曰:下余痞作腹雷鸣,甘四姜芩三两平,
　　　一两黄连半升夏,枣枚十二擘同烹。

赤石脂禹余粮汤
歌曰:赤石余粮各一斤,下焦下利此汤欣,
　　　理中不应宜斯法,炉底填来得所闻。

旋覆代赭汤

歌曰：五两生姜夏半升，草旋三两噫堪凭，
　　　人参二两赭石一，枣十二枚力始胜。

桂枝人参汤

歌曰：人参汤即理中汤，加桂后煎痞利尝，
　　　桂草方中皆四两，同行三两术参姜。

瓜蒂散

歌曰：病在胸中气分乖，咽喉息碍痞难排，
　　　平行瓜豆还调豉，寸脉微浮涌吐佳。

黄芩汤、黄芩加半夏生姜汤

歌曰：枣枚十二守成箴，二两芍甘三两芩，
　　　利用本方呕加味，姜三夏取半升斟。

黄连汤

歌曰：腹疼呕吐藉枢能，二两参甘夏半升，
　　　连桂干姜各三两，枣枚十二妙层层。

桂枝附子汤

歌曰：三姜二草附枚三，四桂同投是指南，
　　　大枣方中十二粒，痛难转侧此方探。

桂枝附子去桂加白术汤

歌曰：大便若硬小便通，脉涩虚浮湿胜风，
　　　即用前方须去桂，术加四两有神功。

甘草附子汤

歌曰：术附甘今二两平，桂枝四两亦须明，
　　　方中主药推甘草，风湿同驱要缓行。

白虎汤

歌曰：阳明白虎辨非难，难在阳邪背恶寒，
　　　知六膏斤甘二两，米加六合服之安。

炙甘草汤

歌曰：结代脉须四两甘，枣枚三十桂姜三，
　　　半升麻麦一斤地，二两参胶酒水涵。

（2）阳明方

大承气汤

歌曰：大黄四两朴半斤，枳五硝三急下云，
　　　朴枳先熬黄后入，去渣硝入火微熏。

小承气汤

歌曰：朴二枳三四两黄，小承微结好商量，
　　　长沙下法分轻重，妙在同煎切勿忘。

猪苓汤

歌曰：泽胶猪茯滑相连，咳呕心烦渴不眠，
　　　煮好去渣胶后入，育阴利水法兼全。

蜜煎导方、猪胆汁方

歌曰：蜜煎熟后样如饴，温纳肛门法本奇，
　　　更有醋调胆汁灌，外通二法审谁宜。

茵陈蒿汤

歌曰：二两大黄十四栀，茵陈六两早煎宜，
　　　身黄尿短腹微满，解自前阴法最奇。

麻仁丸

歌曰：一升杏子二升麻，枳芍半斤效可夸，
　　　黄朴一斤丸饮下，缓通脾约是专家。

栀子柏皮汤

歌曰：里郁业经向外驱，身黄发热四言规，
　　　草须一两二黄柏，十五枚栀不去皮。

麻黄连翘赤小豆汤

歌曰：黄病姜翘二两麻，一升赤豆梓皮夸，
　　　枣须十二能通窍，四十杏仁二草嘉。

（3）少阳方

小柴胡汤（见第 148 页）

（4）太阴方

桂枝加芍药汤、桂枝加大黄汤

歌曰：桂枝倍芍转输脾，泄满升邪止痛宜，
　　　大实痛因反下误，黄加二两下无疑。

（5）少阴方

麻黄附子细辛汤

歌曰：麻黄二两细辛同，附子一枚力最雄，
　　　始得少阴反发热，脉沉的证奏奇功。

麻黄附子甘草汤

歌曰：甘草麻黄二两佳，一枚附子固根荄，
　　　少阴得病二三日，里证全无汗岂乖。

黄连阿胶汤

歌曰：四两黄连三两胶，二枚鸡子取黄敲，
　　　一芩二芍心烦治，更治难眠睫不交。

附子汤

歌曰：生附二枚附子汤，术宜四两主斯方，
　　　芍苓三两人参二，背冷脉沉身痛详。

桃花汤

歌曰：一升粳米一斤脂，脂半磨研法亦奇，
　　　一两干姜同煮服，少阴脓血是良规。

吴茱萸汤

歌曰：升许吴萸三两参，生姜六两救寒侵，
　　　枣投十二中宫主，吐利头疼烦躁寻。

猪肤汤

歌曰：斤许猪肤斗水煎，水煎减半滓须捐，
　　　再投粉蜜熬香服，烦利咽痛胸满痊。

甘草汤

歌曰：甘草名汤咽痛求，方教二两不多收，
　　　后人只认中焦药，谁识少阴主治优。

桔梗汤

歌曰：甘草汤投痛未瘥，桔加一两莫轻过，
　　　奇而不效须知偶，好把经文仔细哦。

苦酒汤

歌曰：生夏一枚十四开，鸡清苦酒搅几回，
　　　刀环捧壳煎三沸，咽痛效吞绝妙哉。

半夏散及汤

歌曰：半夏桂甘等分施，散须寸匕饮调宜，
若煎少与当微冷，咽痛求枢法亦奇。

白通汤、白通加猪胆汁汤

歌曰：葱白四茎一两姜，全枚生附白通汤，
脉微下利肢兼厥，干呕心烦胆尿襄。

通脉四逆汤

歌曰：一枚生附草姜三，招纳亡阳此指南，
外热里寒面赤厥，脉微通脉法中探。

加减歌曰：面赤加葱茎用九，腹痛去葱真好手，葱去换芍二两加，呕者生姜二两偶，咽痛去芍桔须加，桔梗一两循经走，脉若不出二两参，桔梗丢开莫掣肘。

四逆散

歌曰：枳甘柴芍数相均，热厥能回察所因，
白饮和匀方寸匕，阴阳顺接用斯神。

加减歌曰：咳加五味与干姜，五分平行为正路，下利之病照此加，辛温酸收两相顾，悸者桂枝五分加，补养心虚为独步，小便不利加茯苓，五分此方为法度；腹中痛者里气寒，炮附一枚加勿误，泄利下重阳郁求；薤白三升水煮具，水用五升取三升，去薤纳散寸匕数；再煮一升有半成，分温两服法可悟。

(6) 厥阴方

乌梅丸

歌曰：六两柏参桂附辛，黄连十六厥阴遵，
归椒四两梅三百，十两干姜记要真。

当归四逆汤、当归四逆加吴茱萸生姜汤

歌曰：三两辛归桂芍行，枣须廿五脉重生，
甘通二两能回厥，寒人吴萸姜酒烹。

麻黄升麻汤

歌曰：两半麻升一两归，六铢苓术芍冬依，
膏姜桂草同分两，十八铢兮苓母萎。

干姜黄连黄芩人参汤

歌曰：芩连苦降藉姜开，济以人参绝妙哉，

　　　　　　四物平行各三两,诸凡拒格此方该。

白头翁汤

　　歌曰:三两黄连柏与秦,白头二两妙通神,
　　　　　病缘热利时思水,下重难通此药珍。

(7) 霍乱方

四逆加人参汤

　　歌曰:四逆原方主救阳,加参一两救阴方,
　　　　　利虽已止知亡血,须取中焦变化乡。

理中丸

　　歌曰:吐利腹痛用理中,丸汤分两各三同,
　　　　　术姜参草刚柔济,服后还余啜粥功。

加减歌曰:脐上筑者白术忌,去术加桂四两治;吐多白术亦须除,再加生姜三两试;若还下多术仍留,输转之功君须记;悸者心下水气凌,茯苓二两堪为使;渴欲饮水术多加,共投四两五钱饵;腹中痛者加人参,四两半分足前备;寒者方内加干姜,其数亦与加参类;腹满应将白术删,加附一枚无剩义;服如食顷热粥尝,戒勿贪凉衣被实。

通脉四逆加猪胆汁汤

　　歌曰:生附一枚三两姜,炙甘二两玉函方,
　　　　　脉微内竭资真汁,猪胆还加四合襄。

(8) 阴阳易差后劳复方

烧裩散

　　歌曰:近阴裆裤剪来烧,研末还须用水调,
　　　　　同气相求疗二易,长沙无法不翘翘。

枳实栀子豉汤

　　歌曰:一升香豉枳三枚,十四山栀复病该,
　　　　　浆水法煎微取汗,食停还藉大黄开。

牡蛎泽泻散

　　歌曰:病瘥腰下水偏停,泽泻葽根蜀漆葶,
　　　　　牡蛎商陆同海藻,捣称等分饮调灵。

竹叶石膏汤

　　歌曰:三参二草一斤膏,病后虚羸呕逆叨,
　　　　　粳夏半升叶二把,麦门还配一升熬。

从上述八类药方可以看出，张仲景药方不仅名目多，而且运用灵活，随证施治。太阳病表虚用桂枝汤；表实用麻黄汤；又有桂枝麻黄各半汤，桂枝二麻黄一汤，桂枝二越婢一汤，可以灵活运用。桂枝汤更有加桂、去桂、加芍及加附子、人参、厚朴、杏仁、茯苓、白术、大黄、龙骨、牡蛎等剂。麻黄汤外，又有葛根汤、大小青龙、麻黄附子、细辛甘草、麻黄杏仁甘草石膏、麻黄连翘赤豆等剂。阳明病胃实证用大承气汤，较轻用小承气汤，更轻用调胃承气汤。便结用麻仁丸，身体虚乏用蜜煎导法，他还发明了灌肠导便的方法。少阳病其症既无表候，又非里实，用小柴胡汤，或柴胡桂枝汤、柴胡桂枝干姜汤、大柴胡汤，兼虚小建中汤等剂。太阴病初起满实，用桂枝加芍药和加大黄汤，和泄温利，病重便用四逆汤温散。少阴病其表里虚寒，轻病用麻黄附子细辛甘草二汤，重病用附子汤。传变先救其里，后救其表，用四逆桂枝二汤。既无表证，一系虚寒，用干姜附子汤、茯苓四逆汤、芍药甘草附子汤等。此外兼水气的用真武汤，兼寒逆的用吴茱萸汤，大肠滑脱的用桃花汤，饮热相并的用猪苓汤，可以随证施治。厥阴病寒热二证，一时并见，用乌梅丸、干姜、黄芩、黄连、人参汤之类。又如三阳合病，邪聚于阳明，用白虎汤。温病其症蒸蒸发热，自汗出，心烦大渴，用白虎汤。若是太阳病误汗吐下，而加津液缺乏的，用白虎加人参汤。其他如虚弱证有小建中汤、炙甘草汤、甘草生姜汤、芍药甘草汤、芍药甘草附子汤等方。热郁有栀子豉汤、栀子甘草豉汤、栀子生姜豉汤、栀子干姜汤、加枳实栀子汤、栀子厚朴汤、大黄黄连泻心汤、附子泻心汤、白头翁汤、黄连汤等方。饮邪搏聚有小青龙汤、桂枝加厚朴杏子汤、麻黄杏仁甘草石膏汤、桂枝加茯苓术汤、茯苓甘草汤、猪苓汤、文蛤散、牡蛎泽泻散、茯苓桂枝甘草大枣汤、茯苓桂枝术甘草汤等方。饮邪并结有大陷胸汤、小陷胸汤、瓜蒂散、半夏泻心汤、生姜泻心汤、甘草泻心汤、柴胡桂枝干姜汤、旋覆代赭汤等方。血热淤血有桃仁承气汤、抵当汤等方。

杂病的处方就更多了。主要有痉湿暍的处方，百合狐惑阴阳毒的处方，疟病的处方，中风历节的处方，血痹虚劳的处方，肺痿肺痈咳嗽上气的处方，奔豚气的处方，胸痹心痛短气的处方，腹痛寒疝宿食的处方，五脏风寒积聚的处方，痰饮咳嗽的处方，消渴小便利淋的处方，水气病的处方，黄疸病的处方，惊悸吐衄下血胸满淤血的处方，呕吐哕下利的处方，疮痈肠痈浸淫的处方，跌蹶手指臂肿转筋阴狐疝蛔虫的处方，妇人妊娠产后病和杂病的处方等。

（三）方药特色

1. 立方以辨证为准绳

张仲景立方必以辨证为先。张仲景是六经辨证的创始者,六经辨证的意义,不仅是为疾病的诊断、鉴别指明了方向,更重要的是为立方提供了依据,因为疾病的解决最终靠的是方药。伤寒六经各证、病位、性质各异,因而治法各不相同。如太阳病,病位在表,总应"汗而发之",但同是风寒表证,却有表实、表虚之异,至于太阳病的兼证、合病、并病及误治后的变证、坏证,亦每随证立方。如伤寒表实,兼里有郁热、不汗出而烦躁者,设大青龙汤;内夹饮邪,咳嗽而喘者,设小青龙汤。再如结胸证,为邪热与有形之痰水互结在胸,故用大陷胸汤泻热逐水;痞证为无形之邪滞留胸膈,故以五种泻心汤开结散痞;协热利者,用葛根芩连汤解表,兼清肠热;表热里寒之利,又以桂枝人参汤解表温中。张仲景的辨证立方还体现在一经之方,他经通用。如桂枝汤、麻黄汤,为太阳营卫而设,而阳明营卫也用之;真武汤为少阴水气而设,而大阳汗后亡阳者亦用之等等。

2. 组方配伍精当巧妙

现存《伤寒论》《金匮要略》两书中,有360方,其中五味药以内的共有160方,足见张仲景组方之精。不仅如此,张仲景配伍更是切当巧妙,如至今仍在临床广为应用的麻黄汤,由麻黄、桂枝、杏仁、甘草组成,方治太阳伤寒表实证。其方药虽四味,然君、臣、佐、使俱全。用麻黄为君,辛温发汗、宣肺平喘。桂枝为臣,辅麻黄解肌发表。杏仁为佐,助麻黄宣肺平喘。甘草为使,一防麻、桂发汗太过,二可调和诸药,与《内经》之制方原则"主病之为君,佐君之为臣,应臣之为使"相合,可谓法度严谨。

再如,肾气丸虽旨在温肾阳,却以熟地、山茱萸、山药等补阴药为主,目的在于阴中求阳,使阳得阴助而生化无穷。配少量附子,取微微生火之意。方中还加入泽泻、丹皮、茯苓三味降泄之药,补中寓泻,从而达到滋而不腻之目的。张仲景此制方思路对后世启发颇大,明代张景岳的右归丸,与之如出一辙。

又如,白通加猪胆汁汤,其证阴盛格阳,干呕而烦,药入则吐。于是在白通汤中,加咸寒除烦生津之人尿,苦寒降逆之猪胆汁,意在反佐,则回阳救逆可矣。此法将《内经》之"微者逆之,甚者从之,逆者正治,从者反治"之意阐释得淋漓尽致。

3. 煎煮多法,剂型多样,给药多种途径

众所周知,良方未必有良效,这至少关系到三个方面:一是煎煮;二是剂型;三是给药途径。唯这三方面有机结合起来,才能使良方有良效。在这一点上,张仲景无疑给后人树立了典范。为提高疗效,张仲景对中药的煎煮十分考究。

首先是煎药用水。根据不同的方剂功用,而选择有所不同。如苓桂甘枣汤之甘澜水,甘淡而轻,益脾胃而不助湿;麻黄连翘赤小豆汤之清浆水,甘酸无毒,能调行中气、解烦渴而化滞物;百合知母汤之泉水,甘寒滑润,可助药力;风引汤之井花水,性味甘平,可镇心安神;大黄黄连泻心汤之麻沸汤,因其气轻薄,而有泄虚热之功等等,对提高疗效大有裨益。

其次是煎煮方法。根据中药药性和病情,有先煎、后下、去滓再煎、汤渍等等。如麻黄汤之先煎麻黄,可去"令人烦"之上沫;桂枝人参汤中桂枝后下,可保存易挥发之桂枝的药效;小柴胡汤需去滓再煎,可减少对患者胃肠之刺激,便于服用;大黄黄连泻心汤之汤渍,可取其清扬之性,以涤上焦之邪。

再次是剂型。张仲景除运用汤剂外,还根据不同的病况选用丸剂、散剂、导剂、坐药、酒剂、熏剂、洗剂、膏剂等剂型。如同是伤寒蓄血证,急重者,用抵当汤;若仅少腹满,无发狂或如狂现象,病情轻缓者,则改用抵当丸。其他的剂型也各有独特的适应症。

最后是给药途径。张仲景给药途径,不拘泥于口服一法。如治尸厥之以菖蒲屑内鼻两孔中吹之(今人以桂屑著舌下),能速开肺气、温开心窍;蛇床子散纳阴中,暖宫除湿、杀虫止痒;以白蜜、猪胆汁等作导剂,纳肛门中润肠通便等。另外,尚有涂搽给药、洗浴给药、浸渍给药等,这些给药途径施用于不同的病症,对提高疗效同样起到了重要作用。

(四)组方规律

1. 方以法立

试观张仲景之方,其方小者由一味药组成,大者由十几味药组成,但无不体现方以法立的学术思想。如麻黄汤的汗法,瓜蒂散的吐法,承气汤的下法,小柴胡汤的和法,四逆汤的温法,白虎汤的清法,抵当丸的消法,炙甘草汤的补法,无不皆然。到目前为止,汗、吐、下、和、温、清、消、补八法仍有效地指导着临床组方。

2. 药专力宏

药专力宏,是张仲景组方的一大特色,表现在其方剂药味少,效力专。《伤寒论》与《金匮要略》中常用方283方,其中1味药者19方,2味药者39方,3味药者52方,4味药者44方,5味药者39方,5味药及以内者共193方;6味药者29方,7味药者30方,8味药者9方,9味药者13方,6~9味药者计81方;10味药以上者计9方。其方虽小,但只要用之得当,均可获得满意疗效。如小半夏汤药有2味,却能蠲饮止呕;大承气汤为4味,对肠梗阻恰当用之,常可避免手术;四逆汤药有3味,常能救重症危疴。可见张仲景组方之精,实可谓"善用小方之大师"。

3. 配伍严谨

配伍严谨,用药巧妙,是张仲景组方的主要特色。据统计,《伤寒论》共用药 160 多种。其善用的前 9 味药依次是甘草 124 次,桂枝 75 次,生姜 68 次,大枣 65 次,芍药 54 次,半夏 42 次,干姜 39 次,人参 35 次,茯苓 35 次。可见张仲景用药并不多,但确能巧妙地配伍组方,广泛应用于临床各科,体现了他对方药升降浮沉的观察,性味的选择以及君、臣、佐、使的安排,实有奥妙之处。有的方剂虽仅一味药之别,但所治疾病却迥然不同。如麻黄汤、麻杏石甘汤、麻杏薏甘汤,三方均以麻黄为主药,若配桂枝,辅杏仁,使以甘草,名麻黄汤,主治伤寒无汗之重症。若桂枝易石膏,名麻杏石甘汤,为风热咳喘之良方。若桂枝易薏仁,名麻杏薏甘汤,乃治风寒湿痹之要方。再如麻黄细辛附子汤和大黄附子汤,两方之别即麻黄与大黄,麻黄细辛附子汤在温散寒邪,使邪从表解,而大黄附子汤重在温里散寒,通下寒积。可见组方虽仅一味药之别,但适应症可随之而变。因此组配一个方剂时,每选用一味药物,均需据病情慎重斟酌,不可妄为。

4. 剂量严格

张仲景之方的主要特点之一,就是用药剂量严格,轻重适度。同一种药物,根据不同病情,在各方剂中剂量不一,即使方剂的药物相同,剂量有别,治疗作用亦随之变化,如小承气汤、厚朴三物汤、厚朴大黄汤,三方均由厚朴、大黄、枳实 3 味药组成,只是药物剂量各有偏重,而适应症则绝然不同。小承气汤重用大黄,主要在于攻下,是治疗下利谵语、肠中有燥屎的主方;厚朴三物汤重用厚朴,重点在于行气除满,是治疗胀重于积而腹满症的主方;厚朴大黄汤重用厚朴与大黄,重在开痞满、通大便,是治疗痰饮结实,支饮兼有腹满的要方。还有桂枝汤与桂枝加桂汤、四逆汤与通脉四逆汤、桂枝去芍药加附子汤与桂枝附子汤,每组方剂的药物均相同,只是剂量有异,它们的治疗作用及适应症完全不同。可见张仲景立方命名,实包含辨证施治之意。故组方用药剂量极为重要,否则便不能达到预期效果。

5. 灵活变通

以一方为主,根据不同病情进行适当药味加减或剂量变更,变化出他方,也是张仲景组方的一大特点。如桂枝汤本为太阳中风表虚而设,若本方加重桂枝用量,名桂枝加桂汤,治疗心阳虚奔豚症;桂枝汤加重芍药用量,名桂枝加芍药汤,治太阳病兼阳明腹痛症;桂枝汤加附子,名桂枝加附子汤,用于太阳病发汗太过而致表阳虚汗漏不止症;桂枝汤加葛根,名桂枝加葛根汤,用于风寒表虚兼项背强症;桂枝汤加厚朴杏仁,名桂枝加厚朴杏子汤,治宿有喘疾而复病太阳中风症;桂枝汤去芍药加附子,名桂枝去芍药加附子汤,治太阳病误下,胸满而脉微恶寒症;桂枝汤去芍药加附子,并重用桂枝附子,名桂枝附子汤,主治风寒留着肌肉症等。可见组方每加减一味药,一定要严格辨证,否则就会导致治疗上的失败。

6. 阴阳结合

阴药与阳药结合,寒热补泻药同施,是张仲景对药物配伍组方的重要特点。其目的在于切合病情,更好地发挥疗效。如肾气丸中附子配地黄,附子为诸阳药之首,地黄乃诸滋阴药之冠,二药相配,有阳生阴长,阴中求阳之妙,可谓阴阳互相配伍之典范。后世右归饮和地黄饮中附子配地黄也意在于此。再如炙甘草汤中生地、麦冬、麻仁、阿胶甘润滋养阴血为阴药,桂枝、生姜辛温以温阳通脉为阳药,两组药配合,使阴药得以阳药的推动而更好地滋养津血。临床常用的半夏泻心汤、附子泻心汤、黄连汤、乌梅丸等,均以寒热药物并投,补泻药物同施而著名。

7. 以长制短

药物对某种疾病,既有治疗作用之长,也有不利因素之短。张仲景善于以长制短,使方中药物相互为用。如大黄附子汤主治寒积实症,方中大黄有荡除积结之长,又有苦寒助邪之短,配大辛大热之附子,一则制大黄之短,二则温里散寒,大黄反过来又防附子辛热太过,相互为用,起温里散寒,通下寒积之效。再如瓜蒌薤白半夏汤,是治胸痹之良剂,胸痹之因为胸中阴邪盛,瓜蒌有除胸膈痰湿之长,但其寒润益阴为短,方中配薤白、半夏、白酒辛温苦燥,既制其寒润益阴之短,又能燥湿化痰,相互为用,除胸膈痰湿而无助阴邪之虑。

8. 病药合拍

观张仲景之方,均是病药合拍,丝丝入扣。如治疗阳明热结症的著名三种承气汤,因各有其特点,所以并非所有的阳明热结症均用大承气汤。大承气汤硝黄后入,且加枳朴以行气,攻下力猛,故为痞、满、燥、实具备的阳明热结重症而设;小承气汤不用芒硝,且三药同煎,枳朴用量宜减,攻下之力较轻,为痞、满、实之阳明热结轻症而设;调胃承气汤不用枳朴,虽后纳芒硝,然大黄与甘草同煎,泻下力更缓,为阳燥热内结无痞满之症而设。对于危难重症、大症,张仲景善用大药小方,使药专力宏,直达病所。如从纯阳大药附子为主组成的方剂四逆汤、通脉四逆汤、四逆加人参汤,常治大病或沉疴。通脉四逆加猪胆汁和通脉汤加猪胆汁,则均为取猪胆汁苦寒之性益阴润燥,防寒病与热药相拒,引热药直达寒病之处。

综上所述,张仲景组方是在辨证立法的基础上,根据病情需要,选择适宜的药物,酌定必要的用量,按照一定的组方法度组成的。方中各药既能相辅相佐,增强原有作用;又能相反相佐,消除或缓解药物对人体的不利影响,从而使方剂更加切合病情。

(五)药物配伍

药对通常是指在临床上能经常在一起配伍应用的两味药或三味药的配伍使用。药对往往是方剂的画龙点睛所在,恰当的药对配伍,能取得事半功倍的治疗效果,提高方剂的临床疗效。张仲景许多著名的方剂,都有应用药对的情况,既灵活多变,又不失于理法。

1. 温中祛寒与补脾益气配伍

《伤寒论》理中丸、吴茱萸汤均以良好的温中祛寒效果而著称,两方中的干姜与人参、吴茱萸与人参是著名的温中祛寒药对。张仲景认为,脾胃虚寒多以虚为本,故有"虚则太阴"之说。虚即所谓脾胃之气虚,而寒邪多由虚而生或由虚而感。两方的药物组成均注意到脾胃虚寒的这一特点,其配伍中均以温中祛寒药和补脾益气药结合使用,以提高温中祛寒效果。理中丸用干姜温脾散寒,吴茱萸汤用吴茱萸温中暖胃,然二方均辅以人参益气补脾。脾胃气虚得补,则脾阳易复,胃寒易去。

2. 温肾回阳与温脾暖中配伍

《伤寒论》四逆汤回阳救逆的功效甚著,主治少阴病心肾阳气虚衰之虚寒重症。四逆汤中的附子与干姜,堪称回阳救逆的最佳药对。少阴病虽根于心肾阳气虚衰,但心肾阳气虚衰则必然寒水侮土和火不生土,故后天脾阳必然随之而衰。在四逆汤中,张仲景以附子与干姜同用,前者温肾祛寒以回少阴先天元阳;后者温脾散寒以暖太阴后天脾土。脾土得温,则土以制水;后天得救,则先天元阳可救,故能提高回阳救逆功用。

3. 温热胜寒与辛散祛寒配伍

《伤寒论》小青龙汤和《金匮要略》大黄附子汤皆善祛沉寒痼冷。小青龙汤温肺化饮见长,大黄附子汤除肠胃冷积功效卓著。两方中皆有温热与辛散配伍使用的药对。温热以胜寒,辛散以祛寒,温散相合而沉寒易除。小青龙汤中干姜与细辛配伍,以速求温肺而化寒饮;大黄附子汤中附子与细辛合用,以迅除脏腑内里阴寒。

4. 辛散疏肝与补血养肝配伍

《伤寒论》四逆散功可疏肝调肝,为后世行气疏肝方剂之鼻祖。四逆散中柴胡与芍药的配伍,为疏肝调肝的良好药对。肝为刚脏,体阴而用阳,既主藏血,又主疏泄。该方的配伍,张仲景以柴胡和芍药并用,柴胡行散以疏肝,芍药补血以养肝柔肝。相互配伍,既助其肝木条达疏泄之用,又护其阴血之体以免被伤,从而可获疏肝调肝之良效。

5. 疏散透达与清胆泄热配伍

《伤寒论》小柴胡汤独能和解少阳,治少阳证表里之往来寒热;而小柴胡汤中柴胡与黄芩组对而用,正是小柴胡汤和解少阳的功用所在。少阳经为表里之枢,而少阳胆腑内寄相火。小柴胡汤中,张仲景以辛散之柴胡和苦寒之黄芩配伍使用,其中柴胡归经入胆,辛散之性,用之以透达少阳表里枢机;黄芩苦寒之性,清热泻火,用之以清解少阳胆腑内热,如是则外透内清,少阳表里邪气尽去而建和解少阳之功。

6. 发汗散寒与温经透营配伍

《伤寒论》麻黄汤为发汗峻剂,主治恶寒无汗之外感风寒表实症。麻黄和桂枝是发汗解表的最佳药对。风寒表实,毛窍闭塞,肺气不宣,肌表之营卫皆郁。该方首取辛温发散,归经入肺的麻黄以发汗散寒,宣肺达卫;复用以辛甘而温,归经心肝的桂枝以温经散寒,透达营阴。麻黄与桂枝组对而用,使卫气外发,营阴通透,则汗液易出而有峻汗之效。

7. 泻下攻积与软坚润燥配伍

《伤寒论》大承气汤、调胃承气汤均治阳明腑实,燥屎内结。两方中,张仲景均以大黄和芒硝配伍成对使用。大黄苦寒之性,号称将军而擅长攻积泻下;芒硝咸寒品味,性能软坚润燥。两药相需为用,攻润互济,组对而用则使燥屎得以速下。

8. 行散消胀与下气破结配伍

《金匮要略》厚朴七物汤、厚朴三物汤均治肠胃气滞,腹中满痛。《伤寒论》大承气汤、小承气汤均治阳明腑实,脘腹痞满,疼痛拒按。四方中,行气除胀满皆以厚朴、枳实相伍成对。厚朴善行散而除满;枳实行气下气,性猛而速,善破结气。两药配伍,行气下气功效卓著,而肠胃气滞得以速通。

9. 泻火清热与泻热通腑配伍

《伤寒论》大黄黄连泻心汤，《金匮要略》泻心汤均治邪热结聚心下，火邪内炽病症。两方均以大黄、黄连配伍为对。黄连善泻心胃之火而除烦热，大黄能泻胃火且通下腑气。相互配伍使用，既清且降，心下热邪火邪结聚得以速清。

10. 泻火清心与滋阴养血配伍

《伤寒论》黄连阿胶汤主治少阴水亏、心火独亢之心中烦热症。张仲景于此方中，把黄连和阿胶药对用以治少阴烦热。黄连善泻心火而除烦热，阿胶功可滋肾水、养心阴，同用能使火退水复而烦热可定。

11. 泻火清热与温中散寒配伍

《伤寒论》半夏泻心汤主寒热互结之心下痞满，黄连汤主胸内有热、胃中有寒之上热下寒呕吐，干姜黄芩黄连人参汤主寒热相格之食入口即吐。三方中皆有黄连和干姜配伍。黄连泻火清胃于中上，干姜温脾散寒于中下，两药相配以用，平调寒热互结于中而脾气不伤。

12. 温里散寒与泻下攻积配伍

《金匮要略》大黄附子汤，功可祛沉寒积滞于下，为温下之祖方。张仲景于该方中，将大黄与附子配伍为对以温下寒积。大黄善于攻下而除积滞，附子性大热而温里散寒，联合运用，既能泻下积滞而不再伤阳气，且能温里助阳以胜阴寒。

（六）用方原则

1. 严格掌握方剂的主证（或主要病机）和禁忌证

如"太阳病，头痛，发热，汗出，恶风，桂枝汤主之"；"伤寒中风，有柴胡证，但见一证便是，不必悉具"。《伤寒论》第95条指出汗出病机为营强卫弱，第53条指出自汗的病机为营卫不和所致，均可用桂枝汤治疗。桂枝汤禁忌证则分为：(1)若脉浮紧，发热汗不出者；(2)酒家；(3)太阳病下后气不上冲者。

2. 方剂使用有准确的定量，对方剂药力有准确判断

如桂枝麻黄各半汤、桂枝二麻黄一汤、桂枝二越婢一汤等，对方剂的药力大小及合方的药力大小有准确的判断，因此有准确的定量。

3. 药食同源，药食同用

如方中所涉及的食物有大枣、生姜、饴糖、小麦、葱白、酒、猪肤、醋、蜂蜜等等，而且食物在方中均有良好的治疗作用，甚至是用作主药。

4. 对方剂的作用部位有明确的规定

即强调方剂作用部位的准确性。如"知犯何逆，随证治之"，"无犯上中二焦"。又如葛根汤的主治部位等。

5. 注意结合病情使用不同剂型

如散剂、汤剂、丸剂、栓剂、洗剂、膏剂、熏洗药、外敷药等等。各能发挥其优点，适合于病情。如头风摩散、润导法中的蜜煎方和猪胆汁方的变通下法运用。又如抵当汤和丸与轻重缓急化裁使用,均准确恰当,切合病机和病情。

6. 应用方剂时注重根据病情变化而灵活加减

如桂枝汤在对各种桂枝汤证兼证的治疗中的加减、小柴胡汤的加减、承气汤的变化及真武汤的随证加减等,均反映出灵活、及时和准确的辨证论治原则。

7. 严格用药尺度,观察用药反应,及时调整,辨证施护

如桂枝汤的"温覆令一时许,遍身漐漐微似有汗者益佳,不可令如水流漓,病必不除"。防己黄芪汤"服后当如虫行皮中",对服药反应有正确的判断。而如瓜蒂散"不吐者,少少加;得快吐,乃止"。小青龙加石膏汤"强人服一升,羸者减之,日三服,小儿服四合",则反映出严格的用药量。再看桂枝汤服法中,"若一服汗出病差,停后服,不必尽剂。若不汗,更服依前法。又不汗,后服小促其间,半日许令三服尽"。小承气汤用法中"若一服谵语止者,更莫复服"。或如通脉四逆汤对服药后反应的各种加减变化等,则可看出用方的灵活应变。另外,诸如温覆取汗、服药次数和时间、服药前后的病情观察等等又与辨证施护密切相关。

8. 注重煎服法,保证药效

(1)重视服药温度。如温服、冷服或不注明服药温度的服法,方中均有交代。

(2)重视服药时间和次数。如对胃肠有刺激的乌梅丸"先食饮服十丸",桂枝茯苓丸的"每日食前服一丸"。又如分温再服、日三服、日三夜一服和顿服等等。

(3)重视服药剂量。如十枣汤"强人服一钱匕,羸人服半钱,平旦服"。四逆汤的"强人可大附子一枚,干姜三两"。

(4)重视煎药方法。如麻黄汤、白虎汤的煎法极有特点,煎法合理;干姜附子汤用生附子煎煮且顿服以期迅速取得疗效。另外,对煎药溶

媒很讲究,如用水、泉水、浆水、井花水、苦酒、清酒、蜜、美清酒、马通汁、甘澜水等等。此外,对先煎、后下、久煎均有明确规定。

9. 准确合理地运用治则

综观《伤寒杂病论》全书内容,治则运用准确、灵活和合理。如六经辨证论治体现了调和阴阳和治病求本的治则。扶正祛邪原则的运用,如大承气汤的急下存阴以祛邪保正,多方中的参、姜、枣、草或白虎汤中粳米的运用等充分体现了扶正祛邪的原则,反映出张仲景在治病过程中时时顾护正气的指导思想。生熟附子的运用,服法的要求均体现出对病情缓急的治疗原则。四逆汤和白通加猪胆汁汤方反映出正治与反治的运用原则。虚寒下痢兼表证拟先温里后攻表体现出标本缓急的运用原则。

(七)药物炮制方法

张仲景所用药物,大多生用,生用力全气厚,对于扶正祛邪,具有独特的功用,疗效显著。但对某些药物,需要清除杂质及无用部分,为了便于制剂和服用,消除或降低毒性,以改变药物性能加强疗效,张仲景开创了加工炮制之法。考张仲景药物炮制的方法,还比较原始,只注"去皮、熬、炙、炮"等字样,没有阐明详细的操作过程。

1. 去皮

桂枝外皮较粗,有微细纵纹,只能刮去其有纵纹的浅表层,不可刮除含挥发油的真皮。大黄为圆柱形块状根茎,起土后,削去外皮,先用陈年酒清洗,以增强泻下锐气。猪苓为菌类,须去表层薄皮,不可伤及内部绵韧白质的苗核。桃仁的红皮和尖部行血力较强,而杏仁皮、尖发散力较强,须用热水浸泡后去其皮、尖。

2. 熬、煮

牡蛎用水加盐少许,煮透,再熬干用,减其碱味,与直接火煅的不同。瓜蒂置锅内小火干熬片刻,减轻其寒滑之性,现今一般阴干用。葶苈子辛苦大寒,须于锅内小火干煎,减其寒性。芫花性味辛温,有毒,以醋煮,去醋,再熬干用,制其毒性。商陆苦寒,有毒,水浸洗后,切片,加醋适量熬干用,或经蒸煮后用,以降低其毒性。䗪虫苦微寒,有毒,须去翅足,沸水泡洗后,入锅内熬干用。水蛭咸苦,有毒,须先为末,后置锅内,微火熬黄用。

3. 炮、炙

附子剥去灰黑色外皮,置高温的铁锅内炒至发黄爆裂,以起烟为度,在四逆汤类方剂中皆切片生用,炮过可减弱其烈性。《伤寒论》方中全用炙甘草,即用蜜拌和炒至老黄色为度,炙过的甘草温中补虚,利于扶正祛邪。枳实清水浸洗后,蜜水拌匀,炒炙至色黄为度,减其锐气,现今多麸炒用或生用。厚朴刮去浅表层粗糙浮皮,切片,蜜水拌和,炙干用,以去其燥性。

4. 洗、切、碎、擘

半夏辛温,有毒,汤洗即热水浸泡,洗去麻辣味为度。蜀漆辛平,有毒,用温水浸泡,洗去腥气,以消除苛烈性。吴茱萸辛苦大热,有小毒,用清水漂至味淡为度。海藻苦咸寒,其外被之薄层白霜,咸而且腥,须用淡水洗去。生姜辛温,切片入药,则所含挥发油易于析出。大枣甘温,干燥品皱缩肉紧,擘开入煎,好发挥其补脾作用。栀子苦寒,外有果皮包裹,擘开用仁,利于药力析出。石膏辛甘大寒,为硫酸钙矿石,捣碎、锦裹,使不沉着于罐底。赤石脂、禹余粮、滑石均为矿石,捣碎用,一般石类药还需要先煎或布包。泽泻甘寒,质坚实,古代捣碎用,现今润透后切片。

(八)煎药方法

汤剂的煎煮,属于临床施治不可缺少的一部分。整个施治过程中,辨证准确,用药精当,固属重要,但不能如法煎服,亦会影响疗效,达不到预期的效果,甚或引起副作用。历代医家对药物的煎煮法,都十分讲究。徐灵胎《医学源流论》云:"煎药之法,最宜深讲,药之效不效,全在乎此。夫烹饪禽鱼羊豕,失其调度,尚能损人,况药专以治病而不可讲乎。"张仲景《伤寒杂病论》中,方后皆明示煎服方法及禁忌,不但法度严谨,且灵活变化,皆取之其用。

1. 主药宜先煎

麻黄汤:"先煮麻黄减二升,去上沫,内诸药,煮取二升半,去渣,温服。"方内麻黄先煮者,如麻黄汤、葛根汤、麻黄附子细辛汤等;麻黄不先煮者,如桂枝麻黄各半汤、桂枝二麻黄一汤等。

茵陈蒿汤:"以水一斗二升,先煮茵陈减六升,内二味,煮取三升。"

茯苓桂枝甘草大枣汤:"以甘澜水先煮茯苓减二升,内诸药,煮取三升,去渣,温服一升。"论中茯苓先煮者,只此一方。其他如茯苓桂枝白术汤、茯苓甘草汤中茯苓都不先煮。

2. 主药宜后煎

大承气汤:"以水一斗,先煮二物,取五升,去渣;内大黄,更煮取二升,去渣;内芒,更上微火一二沸,分温再服,得下,余勿服。"此方取其急下,故大黄后下;调胃承气汤中之大黄不后煮,是不取其速降之力,而合甘草则是取其调胃;小承气汤中之大黄不后煮,是合枳、朴而取其缓下之意。《金匮要略》厚朴三物汤,药味同小承气汤,而大黄则后煮,是取其峻利;厚朴大黄汤,药味亦同小承气汤,大黄不后煮,且以厚朴为主药,是取其行气而主胸满;桃核承气汤、抵当汤、大黄牡丹皮汤中之大黄均不后煮,是取其走血分,故有"急煎取其生而疏荡,缓煎取其熟而停留"之说。

栀子豉汤:"右二味,水四升,先煮栀子得二升半,纳豉煮取一升半,去渣,分为二服,温进一服,得吐止后服。"栀子豉汤、栀子甘草豉汤、栀子生姜豉汤中之"豉"均后煮,唯《金匮要略》栀子大黄汤中,虽有豉而不后煮,以实热之邪豆豉不当重任故也。

桂枝人参汤:"以水九升,先煮四味,取五升,内桂,更煮取三升,去渣,温服一升,日再,夜一服。"桂枝人参汤,其桂枝后煮。因桂枝辛香,经火久煮,则气散而力有不及,故须迟入。张仲景诸桂枝汤方,仅此方桂枝采取后煮,而桂枝汤、桂枝加厚朴杏子汤,则全药用微火煮。桂枝加桂汤、桂枝加芍药汤、桂枝加大黄汤方内桂枝既不后煮,亦不用微火煮,只取普通煎法,又各有所宜。

3. 去渣再煎

小柴胡汤:"以水一斗二升,煮取六升,去渣,再煎取三升,温服一升,日三服。"关于"去渣再煎",其解说大致有二:一是再煎可去其解表之力;二是再煎取其和合药性。观论中半夏、甘草、生姜三泻心汤,旋覆代赭汤均"去渣再煎",似可支持后一种说法。徐灵胎《伤寒类方》云:"再煎则药性和合,能使经气相融,不复往来出入。""三泻心汤之药大半皆本于柴胡汤,皆其所治之症多与柴胡证相同,而加治虚治痞之药耳。"

4. 特殊煎法

炙甘草汤:"以清酒七升,水八升,先煮八味,取三升,去渣,内胶烊消尽,温服一升,日三服。"《伤寒论》中,此为最久煎之方剂,酒、水合为十五升,煎取三升,是将药汁浓缩成膏状,非用慢火久煎莫得,否则对"心动悸,脉结代"之疗效不显,临床体验,可以知之。大黄黄连泻心汤:"以麻沸汤二升渍之,须臾绞去渣,分温再服。"徐灵胎云:"此又法之最奇者,不取煎而取泡,欲其轻扬清淡,以涤上焦之邪。"附子泻心汤:"附子煮取汁",大黄、黄连、黄芩三味,"以麻沸汤二升渍之,须臾,绞去渣,内附子汁,分温再服"。此又一法也,可见张仲景煎法之精妙。

五苓散："上五味，捣如散，以白饮和服方寸匕，日三服。多饮暖水，汗出愈。"临床证明，五苓散以半汤和散内服，止"水逆"呕吐之效颇著，若改以煎剂内服，亦会降低疗效。

乌头煎方："川乌五枚，熬，去皮，不咬咀，以水三升，煮取一升，去滓，内蜜二升，煎令水气尽，取二升，强人服七合，弱人服五合，不差明日更服，不可一日再服。"乌头辛热有大毒，使用时必须按照方后煎法、服法，不得有误。由此可见，大毒药物必须久煎减其毒性，当无可非议，并要少量频服，中病即止。《神农本草经》也有告诫："若以毒药疗病，先起如黍粟，病去即止，不去倍之，不去十之，取去为度。"

总之，张仲景煎药法既有原则，又见灵活。服药又有宜温宜凉、宜缓宜急、宜多宜少、宜早宜晚、宜散不宜汤、宜丸不宜散之别，不胜枚举。

（九）煎药溶媒

不同的煎药溶媒因其性质各异，所以具有不同的临床作用。张仲景在其所著《伤寒论》及《金匮要略》中对此阐述甚广，颇为精妙。

1. 浆水

又名酸浆水、清浆水。《本草纲目》载："炊粟米熟，投冷水中，浸五、六日，味酸生白花，色类浆，故名。"吴仪洛说："一名酸浆水……其性凉善走，能调中宣气，通关开胃，解烦渴，化滞物。"《金匮要略心典》："浆水甘酸，调中行气，止呕哕也。"《伤寒论》中枳实栀子豉汤以清浆水煎煮，即取其性凉善走，调中开胃之意。半夏干姜散以浆水煎煮，取其性甘酸，能调中止呕之意。矾石汤用浆水煎煮浸脚，则取其性善走，能导湿下行之意。而赤小豆当归散用浆水送服，则取其清凉解毒之效。

2. 甘澜水

又名劳水。即将水反复扬之多遍，然后取用。《医学正传》谓其"甘温而性柔,故煮伤寒阴证等药用之"。钱天来云:"动则其性属阳,扬则其势下走。"《金匮要略直解》:"扬之无力,取其不助肾邪也。"水本性寒而体重,扬之千遍,甘而气清,取而用之,则不助肾寒之气,而有补脾益肾之功。其最早应用见于《内经》之半夏秫米汤,张仲景茯苓桂枝甘草大枣汤用此水煎煮,取其性柔势急,不助水邪之意。而大半夏汤用此水煎煮,则取其有补脾和胃之效。

3. 井花水

亦称井华水。乃平旦新汲井水,有通窍解热之效。《医学正传》称"井花水者,天一真精之气浮结于面,可取以烹煎补阴之剂"。风引汤用治肝阳上亢,热盛风动,用井花水煎煮,即取其滋阴潜阳、通窍解热之意。

4. 泉水

泉水乃从地下涌出之水,澄澈清冷,有除热利溺、清热养阴之效。张仲景用此水煎药共有四方,均为治疗百合病所设,即百合知母汤、滑石代赭汤、百合鸡子汤、百合地黄汤。百合病病机属阴虚内热,症见口苦尿赤心烦,泉水可下热气、利小便,用以煎百合,共成润养心肺、凉血清热之剂,阴复热退,百脉调和,则病自愈。

5. 潦水

即地面所积之雨水。《中国医学大辞典》谓:"潦水,地上所积之雨水也。甘平无毒。治伤寒蓄热在里,身发黄。并宜煎调脾胃、去湿热之药,此水味薄而不助湿热。"《伤寒论》麻黄连翘赤小豆汤治阳黄兼表之证,用潦水煎煮,即取其清热调胃、不助湿热之功。

6. 麻沸汤

即滚开的沸水。其气轻扬,功能清散热结、通经泄热。《伤寒论》大黄黄连泻心汤、附子泻心汤均为热痞所设,因苦寒药物气厚味重,煎煮之后,多走肠胃而直下,故此两方用法不取煎煮,而以麻沸汤浸泡少顷,绞汁即饮,取其味薄气轻,以清泄上部之邪热,达到消痞之目的。

7. 泔水

即淘米水。《本草纲目》载:"浙二泔,亦曰米渖,即淘粳米汁,第二次者可用,故名浙二泔。"善解热毒,兼能助胃。《金匮要略》第二十四章《禽兽鱼虫禁忌并治》中"治淡蛇牛肉食之欲死方"云,"以泔洗头,饮一升愈",即取其清解食物中毒之作用。

8. 蜜

其性甘寒。《本草纲目》载:"蜂蜜,其入药之功有五:清热也,补中也,解毒也,润燥也,止痛也。"如猪肤汤加白蜜煎煮,即取其甘寒润燥、清咽止痛之意。乌头汤、大乌头煎、乌头桂枝汤加蜜煎煮,既能制乌头之毒性,又可延长药效。甘遂半夏汤乃反药同用之方,与蜜同煮,则能缓和药性。大半夏汤用蜜同煮,则取其补虚润燥之效。

9. 酒

酒类入药,年代久远。其性热,有温阳散寒、活血通脉之效。张仲景依其作用不同,所用有白酒、清酒之别。如瓜蒌薤白白酒汤、瓜蒌薤白半夏汤均用白酒煎,即取其通阳宣痹、轻扬善行、以助药势之效。而炙甘草汤用清酒煎煮,则可增强疏经活血的作用。当归四逆加吴萸生姜汤用清酒煎煮,取其活血祛寒之功。胶艾汤用治妇人漏下,以清酒煎服,则借其温经行药之力。下淤血汤以酒煎,是取其引入血分之功,红蓝花酒以酒煎,则取其行血化淤,利气止痛之意。

10. 苦酒

即米醋。主要功能为消肿敛疮、清泄郁热,可引药入足厥阴肝经。

如苦酒汤用治咽喉生疮,即取其消肿敛疮之意。而黄芪芍桂苦酒汤用治黄汗,以苦酒煎煮,则能增强清泄营中郁热的作用。乌梅丸以苦酒渍乌梅,既能增强乌梅之酸性,使蛔虫得酸则静,又可引药入经,直达病所,此即《内经》说"肝苦急,急食酸以缓之"之意。

(十)给药方法

张仲景对中药的运用极其灵活,不仅体现在用药的精妙通神上,而且在中药给药方法上也时有神来之笔。

1. 内服法

内服法是张仲景在《伤寒杂病论》中运用最多的一种方法。方药煎汤或丸剂内服,能较完整地保存药效,避免有效成分破坏或流失。张仲景在选择给药剂型时是以病情轻重,病势疾缓为依据的,如同是太阳病蓄血证,一以抵当汤主之,一以抵当丸治之。太阳蓄血证的治疗大法是破淤血、泻实热,若病情危重,则应以抵当汤煎汤内服,药物的有效成分吸收迅速而完全,以峻猛药力,破其血热结聚,而症状稍轻时则可以抵当丸内服,为峻药缓图之意。类似的尚有大陷胸汤与大陷胸丸,同治结胸症,病急则药急,病缓则药缓,药物组成虽同,服用方法有别,张仲景用药方法之灵活由此可见一斑。另外,药物煎汤内服,也有温服与冷服、顿服与分服之异。如以瓜蒂散治疗痰气痞与痰厥证时,"用热汤七合,煮作稀糜,去滓,取汁和散,温顿服之"。其病机为痰气交阻胸中,气机升降受阻,症情急迫,故以瓜蒂散温顿服之,以使药力集中作用于胃,助催吐之功效。若病情稍缓,则可"分温再服"或"分温三服"。给药的时间也应有所选择,如十枣汤宜"平旦服",因十枣汤用以攻下逐水,而平旦空腹服则泻下作用最强。桂枝汤"先其时发汗则愈",因营卫不和之自汗出有时而发作的特点,需先于症发之前服药,更有利于助卫和营,使卫气的功能容易恢复而加速痊愈。服药之后的调理,张仲景也匠心独运,如桂枝汤、葛根汤等解表剂多于服后温覆取汗,且可啜热稀粥以助药力。而以白散温下时"不利进热粥一杯,利过不止,进冷粥一杯……"则是以热粥助白散温下寒实,以冷粥调其偏温之弊。

2. 外治法

张仲景用药之精,不仅在于选方用药灵活,而且给药途径丰富多样,皆根据病情需要而取舍。如阳明病津伤便硬者,由于燥热轻微,不同于阳明热实燥结之证,故不可攻下,张仲景创立了蜜煎导便与灌谷道之法,方法是以蜂蜜微火煎,做成条索状,冷却后导入肛门,蜂蜜可润滑肠道,使燥屎得润而出。以猪胆汁灌肠亦为润燥滑肠以通大便之意。这种导法与灌肠法乃世界医学史上应用直肠给药与灌肠疗法的最早应用。另外,张仲景还尝试了多种中药外治法,如外敷、浸洗、坐浴等。外敷如头风摩散方:大附子1枚、盐等分,"上二味为散,沐了,以方寸匕,已摩疾上,令药力行"。如治头痛或中风口眼㖞斜之法,由于病邪在头部经络,故可用外搽或外敷法,更为便捷,且无药物吸收之毒副作用。其余外敷法的尚有黄连粉,王不留行散等。浸洗如矾石汤:"矾石二两,上一味,以浆水一斗五升,煎三五沸,浸脚良。"本方原文用治脚气冲心,由于其具有除湿收敛、清热解毒之功,后世尚用之治疗口舌糜烂、咽喉肿痛、皮肤湿疹等,或含漱或外洗,用之皆验。张仲景在《金匮要略》中运用中药洗剂之处较多,如百合洗方、苦参汤、狼牙汤等。坐浴如蛇床子散,《金匮要略》原文曰:"蛇床子散方,温阴中坐药。"即以棉裹之纳阴中而坐,后世则多以之煎汤坐浴。另外,张仲景还创立了口腔给药的方法——小儿疳虫蚀齿方。《金匮要略》原文曰:"雄黄、葶苈,上二味,末之,取腊日猪脂溶,以槐枝绵裹头四五枚,点药烙之。"方中雄黄功擅燥湿解毒,祛风杀虫,葶苈子能下气破滞,猪脂、槐枝均有祛风、杀虫、解毒之效,故取猪脂溶化后,以槐枝绵裹头浸之再点药烙于患处,使诸药渐渐掺和蛀齿中,以发挥燥湿解毒、祛风杀虫之效。

(十一)服药方法

药物是治疗疾病的重要手段,合理、正确地让患者服用药物,是重要一环。张仲景不仅十分注重辨证,务求审证精确,而且对所处方药的煎制、服用方法及服用后观察等也独具匠心。

1. 汗、吐、下剂,中病即止

汗剂,即解表剂,通过发汗以解除肌表之邪气,适用于表证,如桂枝汤、麻黄汤、大小青龙汤等。但《素问·评热病论篇》说"汗者精气也","汗也者,合阳气阴精蒸发而出者出也",即汗液是水谷精微所化生的阴津通过阳气的蒸腾气化,从汗孔排出而成。微微汗出,则气机出入,腠理开合正常,有助于祛邪外出。汗出过多,则会使阴精受损,阳气亏伤。因此,服用汗剂解表,需掌握用量适宜,使驱邪而不伤正。张仲景在《伤寒论》第12条首方桂枝汤中指出:"服已须臾……温覆令一时许,遍身漐漐微似有汗者益佳,不可令如水流离,病必不除。若一服汗出病差,停后服,不必尽剂。"这就是说,临床中服用桂枝汤等解表剂,需以微微汗出,邪去正存为度。中病即止,即收效后就停服其药,不可大发,过发其汗,以防伤正。在大青龙汤中也指出,"一服汗者,停后服","若复服,汗多亡阳,遂虚,恶风、烦躁不得眠也"。临床上万一发汗过多,张仲景也提出了相应的治疗方法。一是用牡蛎粉等收敛之品外敷止汗,如"汗出多者,温粉扑之"。二是根据阴津、阳气损伤的情况,辨证加减用药,如甘草干姜汤、芍药甘草汤或桂枝加附子汤等。《伤寒论》第20条云:"太阳病,发汗,遂漏不止,其人恶风,小便难,四肢微急,难以屈伸者,桂枝加附子汤主之。"

吐剂即催吐剂,主要用于痰涎等邪实停滞胸膈上焦部位的病症。此法用之得当,可速使邪实外出,但也需中病即止。因吐下之余,定无完气,邪虽吐出,但胃气也将大伤。张仲景在瓜蒂散中指出:"温,顿服之。不吐者,少少加;得快吐,乃止。"即服用时先少量试服,逐渐加量直至有效,一吐即止。由此可知,用催吐药不仅需防胃气受伤,而且要注重护顾胃气。

通下剂大多药性峻猛,用于攻逐水饮,通下腑实,破血逐瘀等。合理服用,可使邪实速去,沉疴复起。但通下大都假阳明为通路,其药剂易损伤胃气。运用之时,当得效即止,慎勿过剂。张仲景在峻下剂大承气汤中指出,"得下,余勿服"。服用小承气汤时"若更衣者,勿服之"。处处注意中病即止,祛邪而不伤正。当然,若服用剂量未达到疗效,未"中病",则需要继续或加量服用直至收效。

现代药理说明,药物有着量效关系,药物随剂量(或浓度)的增加,效应强度也相应增加(量变),直到最大效应。但若继续增加剂量,效应不再增强,相反招致毒性反应(质变)。因此临床服药时,应根据张仲景的论述,结合现代医药学知识,熟悉方药的用量和应有的效应,谨慎给药,密切观察,得效即止,以达到祛除邪气、保存正气、治疗疾病的目的。

2. 体质强弱,用量各异

在服用十枣汤时张仲景首先强调:"强人服一钱匕,羸人服半钱。"在温寒逐水的三物白散服法中也强调"强人半钱匕,羸人减之"等等。强人即体质壮实之人,羸人即体质虚弱者,虽所患病症相同,治疗方药一样,但因体质禀赋有强弱的差异,所以对药物的反应及耐受能力也不同。体质壮实者,对药物的耐受能力强,所用剂量须大些;体质素虚者则不耐药物攻伐,剂量当减少,以免引起毒副作用耗伤正气。

现代药理学认为,因患者体质等方面因素的影响,药理效应可有一定的甚至非常明显的差异,即"个体差异"。因而用药时须结合患者的具体情况,考虑适当的治疗方案。临床使用中药同样需考虑到"个体差异",因人制宜。体质有强弱寒热之偏,阳盛或阴虚之体,慎用湿热之剂;阴盛或阳虚之体,慎用寒凉之药。对于具体的患者,用药时需根据其体质的强弱而调整其用量。《素问·五常政大论》云:"能毒者以厚药,不能毒者以薄药",也说明了同样的道理。

3. 药性不同,服用方式、时间有异

张仲景在大多数方剂中注明"分温再服","分温三服",即煎煮之后分为2~3次饭前或饭后服用。但是,随着方药性质功效的不同,所治疾病情况的不同,应有不同的服用次数、方式及时间。

在瓜蒂散中张仲景云"温,顿服之"。在用调胃承气汤时亦"温,顿服之"。将一日的剂量集中一次服下,盖因此处所用方药药性较猛,效专力宏,且是用于催吐痰涎,通下腑实,因此当集中药力,一举收效。临

床上对急症患者辨明病机后,即当效此法用药,一次顿服其量,以期直捣病巢,迅速扭转病情。

但对疑惑之症用竣猛之药时,张仲景则提出谨慎的试服法,反对孟浪轻率。在《伤寒论》第209条中云:"若不大便六七日,恐有燥屎,欲知之法,少与小承气汤,汤入腹中,转失气者,此有燥屎也,乃可攻之。"对用大承气汤十分谨慎,对肠中是否有燥屎疑惑之时,不是轻率地用大承气汤,而是先用少量除满通便、性稍缓和的小承气汤,待证实燥屎之后,方用大承气汤攻下。如此前后印证,可知张仲景既大胆用药,除邪务速,又小心谨慎,随机应变。

药物不仅有量效关系,而且有时效关系。现今兴起的时辰药理学和时辰治疗学,即合理选择最佳用药时间,寻求事半功倍的效果。因此,临床给药时需注意时效关系,药用性质,拟定合理顺序并准时给药,以达到治疗目的。《伤寒论》中用十枣汤是"平旦服",即清晨空腹时送服,药物吸收充分并在体内达较高浓度,有利于竣猛逐水的十枣汤充分迅速地发挥作用。张仲景在用滋阴泄热,安蛔止痛的乌梅丸时,是"先食饮服十丸,日三服",亦即要求饭前服用,减少食物干扰,促进吸收。现在临床中使用的中药种类繁多,需讲究服用时间。欲奏效快宜空腹,减少食物干扰,制酸止痛药亦宜饭前服用。对有刺激性的中药宜饭后服,而安神催眠的药物则当睡前服。

4.合理膳食,促进邪去正复

中医自古有"药食同源"之说。中医认为饮食分五味,皆有五行归属。饮食得宜,则气血生化正常,脏腑机能旺盛;反之则会损伤脏腑机能。如《素问·生气通天论》云,"膏粱之变,足生大丁""苦过于酸,肝气以津,脾气乃绝",说明饮食对人体的生理功能、病理变化都有较大影响。

张仲景在用药时,十分强调饮食禁忌。服桂枝汤时"服已须臾,啜热粥一升余,以助药力","禁生冷、黏滑、肉面、五辛、酒酪、臭恶等物"。用乌梅丸时"禁生冷、滑物、臭食等"。大凡病后,患者脾胃运化欠佳,生冷、臭恶等物损伤脾胃,聚湿生痰,自当禁忌。而在用桂枝汤等发汗解肌时啜热稀粥不仅养胃益阴,以增汗源,防止伤正,还可热助药力,发汗祛邪。

（十二）药剂类型与制作

从《伤寒杂病论》所载诸方中，采用的药剂种类是极多的。在《伤寒论》中已有了汤剂（桂枝汤等）、散剂（文蛤散等）、丸剂（理中丸等）、肛门栓剂（蜜煎导方）、灌肠剂（猪胆汁方）等。在《金匮要略》中更载有酒剂（红蓝花酒等）、饮剂（芦根汁饮方等）、煎膏剂（大乌头煎方等）、醋剂（耆芍桂酒汤等）、洗剂（狼牙汤等）、浴剂（矾石汤等）、薰烟剂（雄黄薰方）、薰洗剂（苦参汤）、滴耳剂（捣薤汁灌耳方）、滴鼻剂（救猝死方）、吹鼻散剂（皂荚吹鼻方）、外用散剂（头风摩散方等）、舌下散剂（桂屑着舌下方）、软膏剂（小儿疳虫蚀齿方）、阴道栓剂（蛇床子散温阴中坐药方）等等。这些用药剂型，考之现有我国古代医药文献，特别是在较有系统的总结我国古代对各种药剂制备上的成就的，当以张仲景为最早。

在张仲景的著作中，对各种药剂的制备，可谓详细地总结了我国东汉以前在制药学上的成就。例如在丸剂制备中，当时已有了炼蜜为丸（理中丸、麻仁丸、薯蓣丸、肾气丸等），同时亦有枣肉和丸（竹皮大丸）、姜汁泛丸（干姜人参半夏丸）以及用鳖甲煎取胶汁制炼为丸（鳖甲煎丸）等制备方法，奠定了后世对各种中药丸剂制备的基础。在散剂的制备上，不但分有内服、外用、吹鼻、舌下吸收等不同的用途，更可贵的是在制备操作中有"异捣下筛为散，更入臼中治之"（牡蛎泽泻散等），或"各别捣筛，为散已，合治之"（瓜蒂散、半夏散等）。都说明了配制复方散剂须分别捣研过筛成为粉末后，再在臼中充分混合，保证了散剂的吸收和其剂量的准确性。从现代药剂学观点视之，仍不失为复方散剂最优良的制备方法。尤其值得一提的是张仲景著作中对各种栓剂的记述，如作为阴道栓剂的蛇床子散方："蛇床子仁，右一味，末之，以白粉少许，和合相得，如枣大，绵裹内之。"作为温阴中坐药。不仅在医疗上已明确地应用了栓剂剂型，同时亦具体地指出了它的制法，而栓剂之称作"坐药"，溯其来源，实出诸张仲景之《金匮要略》。尤其像《伤寒论》第233条中作为肛门栓剂的蜜煎导方："食蜜七合，上一味，于铜器内，微火煎，当须凝如饴状,搅之勿令焦着,欲可丸,并手捻做挺,令头锐,大如指,长二寸许",在制备上叙述得更为出色,实为目前药典中以搓捏法制备栓剂的创始。张仲景特别指出:"当热时急作,冷则硬,以内谷道中。"从这里已可知张仲景不仅在医疗用药上总结了前人创造的各种剂型,同时在制药操作上亦有莫大的贡献。

当然,在张仲景的著作中,所有方剂以汤剂占绝大多数(在《伤寒论》中汤剂更多,约占90%)。所谓汤剂,一般当为现代的煎剂和浸剂。其中大都是煎剂(桂枝汤、麻黄汤、大青龙汤等等),但亦有"以麻沸汤二升渍之,须臾绞出滓,分温再服"的浸剂(大黄黄连泻心汤、附子泻心汤)。在汤剂制备中所用溶媒有泉水(百合知母汤、滑石代赭石汤)、潦水(麻黄连召赤小豆汤)、甘澜水(茯苓桂枝甘大枣汤)、清浆水(枳实栀子豉汤)等药用水的选择外,许多汤剂还应用了白酒(炙甘草汤、芎归胶艾汤、桂枝加芍药汤等)或醋(苦酒汤、黄耆芍药桂枝苦酒汤)等有机溶剂。从现代药剂学观点看来,不但可以列为酒剂和醋剂,更重要的是当时已根据医疗实践经验,选用了不少生药浸出溶媒,在药剂学上有着更大的成就。

至于各种汤剂的制备操作中,许多是去滓再煎浓缩后服用的(小柴胡汤、生姜泻心汤、茵陈蒿汤等),亦有去滓入蜜作为矫味剂的(甘遂半夏汤、乌头汤等),这种再煎浓缩和入蜜矫味的制备方法,实为后世创用流浸膏剂和糖浆剂的鼻祖。特别是像其中大乌头煎方"乌头以水三升,煮取一升,去滓,内蜜二升,煎令水气尽"的制备方法,更可视为现代浸膏剂的创始。此外,汤剂中含有可溶性矿物药如芒硝等都是采用去滓后加入溶化(大陷胸汤、大承气汤等),含有胶饴(饴糖)或阿胶的也都采用去滓后烊化(小建中汤,炙甘草汤、猪苓汤等),这些操作,都是非常合理的。其中含有阿胶或粳米(白虎汤、竹叶石膏汤、桃花汤等)的,更有助汤剂中不溶性药物微粒的混悬作用,有使分服剂量准确和作用缓和等优点。同时也有利用处方中卵黄作为混悬剂的,如小建中汤有"去滓,内胶烊尽,小冷,内鸡子黄,搅令相得……日三服"的配制方法,使混和更为均匀,分服剂量更为准确。在汤剂中亦有和药冲服的制备方法,如大陷胸汤的制法有"煮一二沸,内甘遂末",也有类似现代服时摇匀的振荡合剂。

(十三) 动物药应用

动物药在《伤寒论》中占有很重要的地位，如水蛭、虻虫、龙骨、牡蛎、文蛤等，历来为临床所常用。据统计，张仲景在《伤寒论》一书中常用药物有 93 味以上，而动物药就有 12 味，可见他是善于运用动物药治病的。张仲景对动物药的临床运用法则有四。

一是攻淤血症，善用破血逐瘀类，如水蛭、虻虫。在《伤寒论》中共见 3 处 2 方，即抵当汤、抵当丸。抵当汤见于《伤寒论》第 124 条和 125 条，证由太阳病误下而热邪随经入腑，与血深结。故见"少腹当硬满"或"狂"或"善忘"或"呆默不语"、"脉微而沉"等下焦蓄血症。本方乃治下焦蓄血之重剂，较桃仁承气汤所主，邪深淤重，蓄血久积，故以虫药为之向导。抵当丸见于《伤寒论》第 126 条，其用于伤寒有热，少腹满，里有淤血，但未发狂，病势较缓，不需急攻。其虽与抵当汤药味相同，但用量不一，各得其所，各见其效。

二是治惊狂烦躁，惯用龙、牡类以镇惊安神。龙骨味甘性平，入心、肾、肝之经，有平肝潜阳，镇静安神，收敛固涩之功，张仲景在《伤寒论》中用之可见 3 方，如第 107 条的少阳病兼烦惊谵语症的柴胡加龙、牡汤，第 112 条心阳虚惊狂症的桂枝去芍药加蜀漆牡蛎龙骨救逆汤，第 118 条心阳虚烦躁症的桂枝甘草龙骨牡蛎汤方，从中可见《伤寒论》中有龙骨的诸方多有精神方面症状。因此后世医家对龙骨的运用，也多遵张仲景此意，如临床上常用柴胡加龙牡汤加减治疗阳虚饮结及肝气失调所致的惊悸及癫、痫、狂，有一定的疗效。

牡蛎，味咸性寒，入肝、胆、肾之经，《神农本草经》载："主惊恚怒气，除拘缓，鼠瘘，女子带下。"张仲景在《伤寒论》中用之共有 6 方，即桂枝甘草龙骨牡蛎汤（第 118 条）、桂枝去芍药加蜀漆牡蛎龙骨救逆汤（第 112 条）、柴胡加龙骨牡蛎汤（第 107 条）、牡蛎泽泻散（第 395 条）、柴胡桂枝干姜汤（第 147 条）以及小柴胡汤加减法（第 96 条）。

龙骨、牡蛎皆有平肝潜阳的作用。故在第 118、第 112、第 107 条合用以加强"潜镇"之功，但牡蛎还能"软坚散结"。张仲景在《伤寒论》第

395条、第147条中用以"入肾行水"配合他药，以软坚逐饮，由此可见用药之精妙。

特别值得一提的是，前人谓龙骨敛正气而不敛邪气，而张仲景在伤寒邪气未尽时亦用之，如第107条柴胡龙骨牡蛎汤证可为一例。

三是疗血虚失血，常用血肉有情之品，如阿胶、白蜜。阿胶味甘性平，入肺、肾、肝之经，张仲景在《伤寒论》中用之于3方中，但各起作用不一：①生血复脉治结、代，如第177条的炙甘草汤，方中臣以阿胶养血滋阴，补益心血；②滋阴补血治失眠，如第303条的黄连阿胶汤；③育阴养血以利尿，如第223条的猪苓汤等。

白蜜味甘性平，在《伤寒论》中除用蜜为丸之外，还见于3方。如在《伤寒论》中第310条的猪肤汤，取其甘寒润燥之功，以助猪肤之润燥退热之意；第131条的大陷胸丸，取其润膈下瘀之功。此外，白蜜还用于丸剂之中，取其和中解毒，延长药物时效之性。另外，在《伤寒论》中第233条取其润肠通便之功，创蜜煎导法，以治便燥之症。

四是治消渴，用清热利湿类药物，如文蛤等。《伤寒论》第141条："病在阳，应以汗解之，反以冷水潠之……意欲饮水，反不渴者，服文蛤散。"此乃水饮停留津液不得上布，故张仲景用文蛤，以分利水湿，清下焦之邪热，使结饮处散，湿热得清，口渴即止。

此外，张仲景还有许多运用动物药治病的独特之处。如猪胆汁，《伤寒论》中可见3处，其作用有：①通导大便，如第233条的猪胆汁方。②苦寒反佐，如第315条白通加猪胆汁汤及第390条的通脉四逆加猪胆汁汤。以上3方，皆加猪胆汁苦寒之品，使同气相求，引阳入阴，使阴阳不发生格拒，此亦《内经》"甚者从之"反治法的具体运用。

七、辨证施护　医护合一

中医护理是祖国医学的重要组成部分。张仲景《伤寒杂病论》一书有丰富的中医护理学内容，对患者的生活起居、思想情绪、饮食情况、服药等都详细观察，精心护理。从《伤寒杂病论》原文可以看出，张仲景在对热性病及杂病的动态观察的基础上，从临床实践中总结出了一套护理方法。如首方桂枝汤方后注，全文156字，有煎药法、服药法、药后的有关护理要求和观察指标、饮食宜忌等，其内容与现代中医护理医嘱类似，开创了中医护理学之先河。这种"医护合一"的医疗护理方法，不仅在当时对疾病的治疗起过极其重要的作用，而且给后世中医护理学提供了良好的示范，对现代中医护理学的发展具有积极的指导意义。

（一）观察护理

中医学认为，任何一种疾病，始终体现着正、邪两方面的"消长"运动规律，所以临床上所表现的"证"，也是不断变化的。对每一种疾病进行动态观察，并根据其矛盾的转化、发展情况，掌握"证"情转变，不断地修改和补充医护方案，对提高临床疗效具有决定性的意义。这种动态观察的方法，正是医护合一中医护理学特点的体现。《伤寒杂病论》中除个别条文外，几乎对所述病症均做了细致而有比较性的观察，并制订了辨证术语。如以下对几个常见症状的动态观察便体现了这一特点。

1. 对发热、出汗的观察

对发热的观察,不但注意到患者的主观感觉,如:"发热恶寒""不恶寒反恶热""翕翕发热"等;还注意到热型,如桂枝麻黄各半汤证的"如疟状,一日二、三度发",桂枝二麻黄一汤证的"形如疟,日再发",小柴胡汤证的"寒热往来"以及阳明病的"潮热"等。对出汗的观察,除有汗、无汗两大类外,还要求观察患者全身性或局部性出汗情况,分别用"自汗出""漐漐汗出""大汗出""漏汗不止"表示出汗程度;用"额上微汗出""但头汗出""齐颈而还""手足濈然汗出"等描述局部出汗情况。热性病出汗的观察是重要的,它既可判断营卫强弱、阴阳消长和津液存亡情况,还用以作为立法处方用药的指征。

2. 对饮食、大小便的观察

对患者饮食、饮水情况的描述亦比较详细,如"食不下""水浆不下""饥不欲食""消谷引食""食难用饱,饱则微烦""饮食入口即吐""饮食如故""喜食糜粥""欲食冷食""口燥,但欲漱水不欲咽""渴欲引水""消渴引饮"等,通过观察患者的饮食、饮水情况,可以了解脾胃之气是否健旺以及津液丧失程度。对大便的观察:一是排便情况,如"大便难""自利""泄利下重""大便硬""大便乍难乍易"等主观症状;二是大便的性质,如"微溏""自利清水,色纯清""下利清谷""下利脓血"。对小便的观察,如"小便自利""小便数""小便难""小便不利""小便不利而赤"等。通过二便情况的观察,可了解患者的腑气是否通利及津气来复情况。

3. 对精神、神志的观察

对患者精神、神志、意识方面的观察描述也极为细致,如用"烦躁""不烦而躁""手足躁扰""发狂""谵语如见鬼状""郑声""目中不了了,睛不和""且欲寐""不识人""循衣摸床,惕而不安"等,以描述精神意识障碍的表现和程度。

4. 对病情变化的观察

从多数条文及一些方后注可以看到,在治疗期间不断地观察病情变化,有助于鉴别诊断和辨证施治。如"病人身大热,反欲得衣者,热在皮肤,寒在骨髓也;身大寒,反不欲近衣者,寒在皮肤,热在骨髓也";"少阴病恶寒而蜷,时自烦,欲去衣被者可治",是从体态的观察发现问题。"息摇肩者心中坚;息引胸中上气者咳;息张口短气者肺痿唾沫";"病人语声寂然,喜惊呼者,骨节间病;语声暗然不彻者,心膈间病;语声啾啾然,细而长者,头中病"等,是从对呼吸、语言的观察作为鉴别。再如"服桂枝汤,大汗出后,大烦渴不解,脉洪大者,白虎加人参汤主之";"发汗后……汗出而喘,无大热者,可与麻黄杏仁甘草石膏汤"及"发汗过多,其人叉手自冒心,心下悸,欲得按者,桂枝甘草汤主之",提示症变而治亦变;"太阳病,发汗后,胃中干,烦躁不得眠,欲得饮水者,少少与饮之,令胃中和则愈"的停药观察法,以及救误(治)诸法等,观察病情之细致,可为后世所绳法。

(二)服药护理

《伤寒杂病论》中包含着丰富的护理学内容,对药物的剂型就列有汤、丸、散、酒熏洗、坐浴、滴耳、灌鼻、吹鼻、软膏、栓剂等,为中医护理提供了丰富的调护手段。还提出了服药护理、饮食护理、救治自缢的人工呼吸方法等。张仲景在《伤寒论》中有关服药护理方法主要表现在以下三个方面。

1. 服药时间

服药时间有一天三次服、一天二次服、白天三次服、夜晚二次服、白天二次服、夜晚一次服以及早晨空腹服、饭前服等。如:桔梗汤"分温再服";桃核承气汤"先食温服五合",即指饭前服,因病在下焦;十枣汤"平旦服",即早晨空腹服,以其胃中空虚无物,利于药物直驱肠道,及时发挥泻下作用,而不至于逗留于胃,引起呕吐;黄连汤"昼三夜二",使药性持久,交通阴阳,调理脾胃。

总之,服药时间,大多数是一日三次服,对胃肠道疾病或病情较重者多昼夜服药,下焦病症多饭前服,泻下逐水药多清晨空腹服。

2. 服药量

如三物白散"强人服半钱匕,羸人减之";桂枝麻黄各半汤"温服三合";葛根汤"温服一升";真武汤"温服七合"。服药量一方面根据药物的作用、成分而定,凡作用猛烈、有毒性的多量小,或逐渐加量;另一方面因人而定,体质较差者用药量宜小,反之相对较多。

3. 服药的方式、方法

服药的方式方法有均服、顿服、频频含咽等。如:干姜附子汤、瓜蒂散宜顿服,取其药力集中,收效迅速;苦酒汤"少少含咽。不差,更作三剂",使药物持续作用于咽部,更好地发挥作用。张仲景还根据药后的反应,再权衡用药的量、时间等等,如桂枝汤第一次服后汗出病愈,即可停服,如最后不出汗,可服第二次,还不出汗,可缩短服药间隔时间等,均是防药过量汗多损伤正气。可见,服药的方式、方法主要是因病而定,大抵急症多顿服,口腔咽喉病症多频频含咽。

(三)药后护理

1. 药后饮食调护

"民以食为天",饮食不仅是人们立身生存的根本,同时也是人类养生长寿的基本措施之一,所以饮食不当,极易引起多种疾病,影响人体的健康。张仲景在《金匮要略》第二十四章《禽兽鱼虫禁忌并治》中说："凡饮食滋味，以养于生，食无有妨，反能为害，自非服药炼液，焉能不饮食乎？切见时人，不闲调摄，疾疢竞起，若不因食而生，苟全其生，须知切忌者矣。"而正确的饮食，不仅能够益体，同时对疾病有一定的辅助治疗作用，正如张仲景所说："所食之味，有与病相宜，有与身为害，若得宜则益体，害则成疾，以此致危，例皆难疗。"他创造性地在《金匮要略》中写下了《禽兽鱼虫禁忌并治》和《果实菜谷禁忌并治》两篇，可以看出仲景是非常注重饮食调护的。一个好的医生，不仅要懂得药物治疗，更应懂得药后的饮食调护，因为"五脏病各有所得（所适宜的饮食条件）者愈。五脏病各有所恶，各随斯民不喜者为病"。所以根据人体脏腑的具体情况，使用正确的药后饮食调护是非常必要的。

《伤寒杂病论》一书，在许多病的治疗过程中，通过药后饮食调护（如食稀粥、热粥、冷粥等）增强药物的疗效，达到疗疾祛病的目的。如服桂枝汤方后，注明要"啜稀粥一升余，以助药力"，同时盖被，使患者微微出汗为宜，不可令如水淋漓，病必不除。再如《金匮要略》第二章《痉湿暍病脉证治》治疗柔痉的瓜蒌桂枝汤证，在用法上指出"汗不出，食顷，啜热粥发之"，以资助汗源。又如《金匮要略》第十四章《水气病脉证并治》治疗黄汗的桂枝加黄芪汤证，用治水湿无法排泄，潴留于肌肉而生水肿的黄汗病，方后指出："须臾饮热稀粥一升余，以助药力，温服取微汗。"使阳郁得伸，则热可外达，营卫调和，而病自解。又如治疗悬饮病用十枣汤，指出"得快下利、糜粥自养"。

还有食冷粥以助药力，如《金匮要略》第五章《中风历节病脉证并治》的侯氏黑散，"治大风四肢烦重，心中恶寒不足者"。指出："常宜冷食，六十日止，即药积在腹中不下也。热食即下矣，冷食自能助药力。"可见此处药后以冷食调理非常重要，使用冷食，可以使药力保留于腹中不下，达到养血补脾、化痰祛风的目的。

张仲景不但强调药后饮食调护可以辅助药物增强疗效，而且正确的饮食调护能够增强脾胃功能，提高人体免疫力，促使疾病早期康复。如"服食节其冷热酸苦甘辛，不遗形体有余"、"以饮食消息止之"。另外，仲景还创造性地把鸡子黄、羊肉、小麦、猪膏等用于临床，与药物合用，增强人体抵抗力，达到治愈疾病的目的，这也属于一种饮食护理。

2. 药后外部护理

张仲景在强调饮食调养的同时,也非常重视外部护理的辅助治疗作用。如《金匮要略》第三章《百合狐惑阴阳毒病脉证治》指出:"百合病一月不解,变成渴者,百合洗方主之。"方后云:"以百合一升,以水一斗,渍之一宿,以洗身,洗已,食煮饼,勿以盐豉也。"百合病一月之久而变渴,说明阴虚内热较甚,这种情况服百合地黄汤则药力不够,难以收效,应内服外洗并用。"洗其外,亦可通其内",收到清热养阴润燥之功。洗后食煮饼,系小麦粉制成,能益气养阴,说明调其饮食亦可帮助除热止渴。如徐忠可在《金匮要略论注》中所言:"食煮饼假麦气以养心液也。"这也是仲景内外兼护的理论体现。

3. 药后禁忌

张仲景指出,患者应注意药后禁忌。如《伤寒论》第12条服桂枝汤,"禁生冷、粘滑、肉面、五辛、酒酪、臭恶等物"。他还指出,"病人不可食胡荽及黄花菜","时病差未健,食生菜,手足必肿","饮白酒食生韭,令人病增"。同时,仲景又指出忌饮食偏嗜,指出某些食物的偏嗜可引起多种疾病,"梅多食,坏人齿","梨多食,令人口爽,不知五味"。

4. 饮食卫生

所谓"病从口入",饮食不洁可以造成疾病,危害健康。张仲景非常重视饮食卫生,指出,"稀饭、馁肉、臭鱼,食之皆可伤人","果子生食生疮","果子落地经宿、虫蚁食之者,人大忌食之"。这些论述对于现代中医护理都有很重要的借鉴作用。

综上所述,张仲景不仅重视药物治疗,而且非常重视药后的护理,尤其是药后的饮食护理,并且形成了一套完整的药后护理方法,尤其是饮食调护与药物的协同作用,对于疾病的康复与预防保健,有着不可忽视的作用。

（四）饮食护理

1. 食物顾护胃气

在《伤寒论》记载的方剂中，使用生姜和胃降逆的有 35 首，用甘草、大枣、饴糖及粳米培补脾胃的处方达 71 首。深为医家所称道的白虎汤、白虎加人参汤、竹叶石膏汤等方剂中为避免寒凉药剂伤胃之弊，张仲景用"粳米六合"或"粳米半升"益气和中，其意在保护胃气。十枣汤中用芫花、甘遂、大戟等峻下逐水之药，仲景恐其伤胃气，"先煮大枣肥者十枚，取八合，去滓，内药末"，取甘以缓中，顾护胃气，使邪去正不伤。又如服桂枝汤后啜稀粥是为了助药发汗，而桂枝加葛根汤则不需啜粥，因服药后"反汗出恶风"，汤力已足，粥饮则罢。三物白散治寒实结胸，并附有粥法，"病在膈上必吐，在膈下必利。必利进热粥一杯，利过不止，进冷粥一杯"。方中巴豆作用强烈，故张仲景用白米汤和服，为了加强或抑制泻下，亦用热粥和冷粥调节，其意也在借水谷之气保护胃气，存津液。

2. 病愈的饮食调养

张仲景认为："病人脉已解，而日暮微烦，以病新瘥，人强与谷，脾胃气尚弱，不能消谷故令微烦，损谷则愈。"即大病初愈，脾胃机能尚弱，消化能力差，不应该勉强进食或进食不易消化的食物，而要适当节制饮食，这不仅对胃肠道疾病恢复期的饮食调养极为重要，而且对各种外感病与内伤杂病都具有指导意义。

3. 饮食疗法

桂枝汤啜热稀粥 1 升余，以助药力；五苓散多饮暖水，汗出愈，即服药后多饮开水,以使出汗,达到化气利水、通里达表的作用。张仲景"借水助药"之法不仅助药力祛邪,而且补充因发汗损失的津液,祛邪而不伤正,用意颇为深刻。再如理中汤方后提示服药后,如食顷,饮热粥 1 升,意在助药力温中阳取谷气以养胃气。《千金方》卷 26《食治序论》:"河东卫泛记曰:扁鹊云:人之所依者形也,乱于和气者病也,理于烦毒者药也,济命扶危者医也。安身之本必资于食,救疾之速必凭于药。不知食宜者,不足以存生也;不明药禁者,不能以除病也。是故食能排邪而安脏腑,悦神爽志以资血气。若能用食平疴,释情遣疾者,可谓良工。长年饵老之奇法,极养生之术也。夫为医者,当须先洞晓病源,知其所犯,以食治之。食疗不愈,然后命药。药性刚烈,犹若御兵。兵之猛暴,岂容妄发?发用乖宜,损伤处众,药之投疾,殃滥亦然。"《千金翼方》:"卫泛称扁鹊云:安身之本,必须于食。救疾之道,唯在于药。不知食宜者,不足以全生;不明药性者,不能以除病。故食能排邪而安脏腑,药能恬神养性以资四气。故为人子者,不可不知此二事。是故君父有疾,期先命食以疗之。食疗不愈,然后命药。故孝子须深知食药二性。"卫泛是张仲景的学生,他对食疗的认识应该说是受仲景的影响。

八、首治精神疾患　新创时间医学

（一）精神病学

精神病是现代医学病名，指在内外各种致病因素的影响下，大脑机能活动发生紊乱，导致认识、情感、行为和意志等精神活动不同障碍的疾病。古代中医对此病无专门书籍，而在《内经》中，关于精神病症状表现记载很多，仅仅是中医精神病学的萌芽状态。汉代张仲景比较系统地总结了辨证论治原则，集两汉以前医学之大成，对某些精神障碍做了很深入细致的观察，开创了中医精神病学，为中医的精神病学发展奠定了良好的基础。

1. 首论传染病性精神病

传染病性精神病是由各种传染病引起的精神障碍，汉以前的医学书籍认为精神异常主要来源于剧烈的情感变化。如《内经》云："大怒伤肝，大喜伤心，思虑伤脾，悲忧伤肺，惊恐伤肾。"七情过激，就会影响正常的精神活动，而导致疾病的发生。张仲景继承了《内经》，并予以发展，提出精神异常既可以由情感不遂而成，也可以发生在热病过程中。

因热病引起的精神病主要有以下三种。(1)少阳热盛。《伤寒论》第107条记载:病入少阳,邪热弥漫,神明被扰可出现"胸满烦惊,小便不利,谵语,一身尽重,不可转侧者"。(2)阳明腑实。《伤寒论》第212条记载:由于热结于阳明之腑,肠中燥实浊气上扰心神,出现"日晡所发潮热,不恶寒,独语如见鬼状。若剧者,发则不识人,循衣摸床,惕而不安"等精神异常的表现。(3)热邪结于血分。《伤寒论》第106条记载:太阳病不解,热结膀胱,其人如狂。就是说太阳表邪不解,外邪入里化热,与血结于下焦,患者烦躁不宁,因而出现类似发狂的病症。又如《伤寒论》第145条说,"妇人伤寒发热,经水适来,昼日明了,暮则谵语,如见鬼状者,此为热入血室"。妇人患伤寒发热时,正逢经水适来,邪气乘虚入于血室,血分热盛,而出现谵语、幻视症候。两者尽管表现各异,但病机皆出于热结血分。

张仲景对传染病性精神病的症候描述与现代医学所记载的基本相同。首先强调发热性谵妄,即兴奋不宁、狂呼乱叫等意识障碍多发生于高热期,于体温相平行,如前述的少阳、阳明、蓄血等证皆是里热炽盛与神志异常并存的范例。这类患者还经常出现大量的错觉和幻觉。如"独语如见鬼状""神灵所作""魂魄妄行"等,是对患者幻觉的生动描述。其次明确指出感染后意识障碍的患者具有波动性和间歇清醒的特征,"昼日明了,暮则谵语"便是典型的例子。这类患者持续兴奋躁动,易导致衰竭,"实则谵语,虚则郑声"。郑声即声音低微,语言重复,是疾病晚期心肾阳虚,精气消失,意识不清的表现。

在急性传染病的末期或恢复期,患者可出现精神症候群。对此张仲景在《金匮要略》第三章《百合狐惑阴阳毒病脉证治》中亦有描述:"意欲食复不能食,常默然,欲卧不能卧,欲行不能行。"可理解为热病后期,阴血不足而影响神明,出现的语言、行为和感觉等失调的表现。

总之,张仲景虽然没有对传染病性精神病命名,但从病因、症候以及治疗等方面的论述已自成体系,开了中医精神病学之先河。

2. 对某些类似神经官能症的病提出了中医病名

张仲景根据不同的异常精神表现,分别提出了"热入血室"、"郑声"、"脏躁"、"百合病"、"奔豚"等病名,这些疾病的论述有似于现代的癔病、神经衰弱与传染病后衰弱状态的表现。

脏躁：《金匮要略》第二十二章《妇人杂病脉证并治》记载："妇人脏躁，喜悲伤欲哭，象如神灵所作，数欠伸，甘麦大枣汤主之。"脏，心脏也，躁：神躁。七情所伤，心火扰神，躁扰不宁，所以表现出心不能守神，神不能主情的系列症状，即现代医学认为的意识障碍与情感失调。

百合病：《金匮要略》第三章《百合狐惑阴阳毒病脉证治》载："百合病，百脉一宗，悉致其病也。意欲食复不能食，常默然，欲卧不能卧，欲行不能行，饮食或有美时，或有不用闻食臭时，如寒无寒，如热无热，口苦小便赤……如有神灵者，身形如和，其脉微数。"根据这一系列的症状，几乎全是恍惚去来不可凭的现象，从形体上观察则一如常人，没有显著的病态，仅从口苦，小便赤，脉微数而言，很多医家认为是热病后余邪未清的疾病，仅从此意义看，可以认为是热病后期的精神异常。但从现代医学的神经官能症角度而言，这些恍惚不定的症候，正是反映了植物神经机能障碍所表现出的各系统或器官的功能障碍。

奔豚气病：奔豚是对症状表现的形容。《金匮要略》第八章《奔豚气病脉证并治》载："奔豚病，从少腹起，上冲咽喉，发作欲死，复还止，皆从惊恐得之。"指出了奔豚气病的病因和症状。后世医家巢元方《诸病源候论》中对此做了注解"夫奔豚气者，肾之积气，起于惊、恐、忧、思所生。若惊恐则伤神，心藏神也；忧思则伤志，肾藏志也。神志伤动，气积于肾，而气下上游走，如豚之奔，故曰奔豚"。这种有一股气体由下腹部经胸部向喉部滚动的特征性症状，现代医学认为是癔病球。这种癔病球，还可表现为患者感到有一球状物在喉部堵塞，吐之不出，咽之不下。张仲景称此为"咽中有炙肉"，后世称为"梅核气"，是因痰气凝结，津液不布之故。痰是人体脏腑功能活动失调的病理产物，它常因气机不畅、体液循环受阻而产生，并可随气机运动，全身无处不到。张仲景也意识到痰也可为精神病的原因之一。

对于妇人经带之病，张仲景认为也可出现类似厥癫的症状，即神志失常。《金匮要略》第二十章《妇人杂病脉证并治》说："奄忽眩冒，状如厥癫，或有忧惨，悲伤多嗔，此皆带下，非有鬼神。"这与现代医学的经期、更年期、产后精神障碍相符合。

3. 提出了精神病的治疗大法

张仲景在辨证的基础上创立了疏肝、化痰、养心、泄热、凉血等治疗精神病的法则。

养心安神法。心虚则神怯而出现精神涣散。《金匮要略》第一章《五脏风寒积聚病脉证并治》说:"邪哭使魂魄不安者,血气少也。血气少者,属于心,心气虚者,其人则畏,合目欲眠,梦远行而精神离散,魂魄妄行。"提出了养心安神法则。方药有用于心肺阴虚,以清心润肺安神的百合地黄汤。有甘麦大枣汤,用小麦养心气,安脏气。《灵枢经》说:"心病者,宜食麦。"有治疗心阳虚而神志失常之证的桂枝甘草龙骨牡蛎汤。以上养心三方,目前广泛用于神经官能症的治疗,疗效很好。

平肝解郁法。肝性喜条达,体阴而用阳,肝主疏泄、主谋虑。肝性的柔顺与否,肝气的疏泄与否,可引起"心烦喜呕""默默不欲饮食""胸满烦惊"等情感方面的异常变化。若少阳枢机不利,用小柴胡汤解郁理气,后世医家誉之为疏肝第一方;若肝气郁结,郁而化热,冲气上逆,用奔豚汤平肝降逆。

化痰救逆法。痰易蒙蔽心窍,是引起神志失常的病因之一,故立化痰救逆法,治神志失常之症。《伤寒论》第112条说:"亡阳,必惊狂,卧起不安者,桂枝去芍药加蜀漆牡蛎龙骨救逆汤主之。"由于阳虚水津不化,凝聚为痰,痰浊邪气上扰而致心神不宁,出现精神异常,所以提出涤痰化饮、宁心镇惊之法。又如梅核气一病,张仲景认为气滞痰结所致,提出半夏厚朴汤开结化痰降逆。后世医家在张仲景的基础上创立了豁痰开窍法,治疗癫、狂等精神疾病。

泄热宁神法。是治疗外感热病之精神异常的大法。这类疾病与邪热炽盛密切相关,一旦邪去热退,精神异常即可随之减弱或消失。《内经》用"生铁落饮"治疗"阳厥"狂怒者,开泻火宁神之先河。张仲景加以扩展和深化,若少阳邪热引发的烦惊谵语等症,用柴胡加龙骨牡蛎汤解郁泄热,若阳明腑实之谵语等症,用大承气汤釜底抽薪,热祛神宁。

行瘀泄热法。心藏神,又主血,瘀血与热相合,能使精神异常。《伤寒论》第237条说:"阳明证,其人喜忘者,必有蓄血。"所谓的蓄血,就是热与血结。张仲景提出轻则用桃核承气汤,重则用抵当汤治之。活血化痰,通下淤热。清代医家叶天士在张仲景的基础上创立了卫气营血辨证。所谓的热入营血证,其特征以精神神经症状及出血现象为主,用凉血散血治之。

总之,早在两千多年以前,张仲景就已对精神病做了系统的论述。在发病上,他不仅强调七情致病,而且指出了外感热病及妇女的某些生理阶段易导致精神障碍,并且对某些有特异性症状表现的精神障碍给予形象的命名。在病机上,阐述了热扰、气郁、痰结、血凝以及心之气血阴阳不足的病理特点,实证则为神乱、神蒙;虚证则为神失所养。在治疗上,创立了治疗精神病的诸法和方药,迄今为止指导着临床应用。

(二)时间医学

张仲景在《伤寒论》和《金匮要略》中,对疾病的发生、发展、转化以及辨证、治疗、预后等方面与时间变化的关系屡有阐述,甚至反复强调,其寓意深刻,不仅丰富了六经辨证的内容,对时间医学的贡献也很大。

1. 守经典计日传经而不拘泥

计日传经,出自《素问·热论》:"令夫热病,皆伤寒之类也……伤寒一日巨阳受之……二日阳明受之……"张仲景遵守和继承经典中计日传经之说,然结合临床实践而不拘泥,并对其有所发展。如《伤寒论》第4条:"伤寒一日,太阳受之,脉若静者,为不传。"意即太阳为表,伤寒初期,太阳首当其冲而受邪,传与不传,不能全凭日计,并指出"脉若静者,为不传"。若"颇欲吐,若躁烦,脉数急者,为传也"。

又如《伤寒论》第5条:"伤寒二三日,阳明少阳证不见者,为不传也。"这条更明显采用《素问·热论》计日传经之说,假设外感二三日,阳明、少阳受病,如果已至当传经之日,而不见阳明、少阳之证,则可断定太阳病尚未发生传经。沈金鳌《伤寒论纲目》云:"可见一日太阳,二日阳明,以次相传,未可泥也矣。"

再如《伤寒论》第8条:"太阳病,头痛,至七日以上自愈者,以行其经尽故也。若欲作再经者,针足阳明,使经不传则愈。"行其经尽,此指太阳行经之期已完;欲作再传,指将传于阳明。此条联系第 114 条:"太阳病……到经不解,必清血,名为火邪。"即是说六日为太阳一经行尽之期,七日是太阳到经之日,当此时,正气来复,驱邪外出,则病易愈;若到经不解,说明病邪太甚,或正不胜邪。

从上所述,可知张仲景对伤寒六经传变时间,原则上依据《内经》计日传经之说,但又结合临床实践,有所阐发和新意。

2. 六经欲解时发前人所未发

《素问·脏气法时论》曰:"夫邪气客于身也,以胜相加,至其所生而愈,至其所不胜而甚,至于所生而自持,自得其位而起。"这就是说六淫之邪在其旺时而偏甚,则中于人身而为病;病在发展过程中,逢到自己所生之日,因得子气之助而愈;如逢到克己之时日,则病不胜其制而加重;如逢到所从生的母气,则能支持;如逢到本气自旺时,则病可愈。张仲景根据天人相应与《内经》中"五行纳日"的时间医学理论,具体运用于伤寒六经病缓解时间的判断,提出六经病欲解时,这是发前人所未述的。如《伤寒论》第 9 条:"太阳病,欲解时,从巳至未上。"以及第 193、272、275、291、328 等条,依次对六经病欲解时予以预测。这就为人们认识和掌握六经病,把握时机采取有效治疗措施提供了参考。同时又为人们深刻理解自然界的阴阳盛衰和对具体病症的影响提供了范例。方有执于《伤寒论条辨》中说:"太阳者阳盛也,故旺于巳午未。《经》曰'自得其位而起'者,此之谓也。"

3. 掌握时间变化以决病之进退

疾病是瞬息变化的,这就要求医者随时把握病机,做到胸有成竹,救危难存亡于瞬间万变之中。张仲景善于审时度势,辨病之盛衰进退和预后,把握治疗机宜。

如《伤寒论》第 124 条:"太阳病六七日,表证仍在,脉微而沉,反不结胸,其人发狂,以热在下焦,少腹当硬满,小便自利者,下血乃愈。"本条以"六七日"的时间作为重要参数。程郊倩《医论集粹》说:"六七日为时既久,邪气自入传里,纵表证仍在,而无表脉……而为蓄血证无疑。"

如《伤寒论》第316条:"少阴病,二三日不已,至四五日,腹痛,小便不利,四肢沉重疼痛,自下利者,此为有水气。"少阴病二三日不已,至四五日,邪气遂深,肾阳衰微,阳虚寒盛,水气不化,泛滥为患。正如《医宗金鉴》说:"今少阴病二三日不已,至四五日,腹痛下利,阴寒深矣。"

如《伤寒论》第302条:"少阴病,得之二三日,麻黄附子甘草汤微发汗,以二三日无证,故微发汗也。"本条反复言"二三日",暗示病势缓;"无证",是指无下利清谷等里虚寒证,表明里虚尚不太甚,故可微发汗。汪苓友《伤寒论辨证广注》说:"此言得之二三日为缓,治法亦缓。"

如《伤寒论》第300条:"少阴病,脉微细沉,但欲卧,汗出不烦,自欲吐,至五六日,自利,复烦躁不得卧寐者,死。"这是少阴病到阴阳离决的危候。少阴病至"自欲吐",为阳虚而阴邪上逆,此时一线残阳,已达垂危阶段,急用回阳救逆,或可挽回。而延至五六日之久,复见自利,是阴盛阳衰更甚,烦躁不得卧寐,为阴阳离决之兆,故属危候。

可见,患病时间对医者确是诊断和治疗的重要依据。把握好契机,则能决病之进退。因此张仲景对时间与疾病关系的阐述,值得深入研究。

4. 从阴阳消长节律探知病变规律

阴阳消长、脏腑气血盛衰等人体节律,在《内经》中已有记载,但仲景对此多加以发挥。

《素问·气交变大论》说:"……位天者,天文也;位地者,地理也;通于人气之变者,人事也。故太过为先天,不及为后天,所谓治化而应之也。"这就是说,天气太过,会产生季节先期来到现象,天气不及,会使六气变化推后,而这些变化,也会在人身上反映出来。张仲景根据这个理论,并结合天干地支计时法,将其进一步发挥且具体化。如《金匮要略》第一章《脏腑经络先后病脉证》曰:"冬至之后,甲子夜半少阳起,少阳之时,阳始生,天得温和。以未得甲子,天因温和,此为未至而至也;以得甲子,而天未温和,为至而不至也;以得甲子而天大寒不解,此为至而不去也;以得甲子,而温和如盛夏五六月时,此为至而太过也。"这就更深刻而具体地论述了节令和气候"太过"与"不及"的各种情况,暗示太过与不及都会影响人体节律,容易导致疾病发生。这对养生、诊病、治疗、用药等都有重要的指导意义。

再如《金匮要略》第一章《脏腑经络先后病脉证》云:"寸口脉动者,因其王时而动,假令肝王色青,四时各随其色。肝色青而反色白,非其时色脉,皆当病。"本条是仲景根据《内经》中有关色脉理论,来论述脉象与四时五色相结合的诊病方法,且又说明四季改变,脉象和色泽会随之发生变化,这种变化有正常与异常的不同。比如春时肝旺,脉弦色青,是为正常;假如这时色反白,脉反毛(秋脉),是非其时而有其色、脉、即属病态现象。尤在泾的《金匮要略心典》说:"王旺,时至而气旺,脉乘之而动,色亦应之……推之四时,无不皆然。"《医宗金鉴》云:"寸口者,统言左右三部脉也。脉动发乎四时,命乎五脏,然必因其时旺而动,则为平脉也……此非其时,乃病之色脉也。四时准此。"这里应当指出,张仲景对带有规律性的时间医学内容之论述,虽只云某脏、某经、某脉等,但蕴含的内容极为丰富,可尝肉知镬,举一而反三。

又如《伤寒论》第332条:"伤寒,始发热六日,厥反九日而利……恐为除中。……后日脉之,其热续在者,期之旦日夜半愈。"钱天来《重编张仲景伤寒论证治发明溯源集》说:"故期之旦日夜半,阴极阳回之后,其病当愈。"《灵枢·营卫生会》篇说:"日中阳陇而为重阳,夜半阴陇而为重阴……夜半以后阴衰,平旦为阴尽,而阳受气矣……日西为阳衰,日入阳尽,而阴受气矣。夜半为大会,万民皆卧,命曰合阴。平旦而阳受气,如是而已,与天地共纪。"可见张仲景是根据《内经》中天人相应的阴阳消长昼夜节律,对具体疾病的阴阳转化、盛衰和病情变化的时间规律进行了探索。另外,张仲景还总结出"阳明病,日晡潮热";风湿身痛、发热证"日晡加剧";黄汗证"暮躁不得眠";女劳疸"手足中热,薄暮即发","日晡所发热,而反恶寒";妇人热入血室证"昼日明了,暮则谵语";干姜附子汤证误用汗下吐后"昼日烦躁不得眠,夜而安静"等病症变化的时间性,这对临床诊断治疗此类病症也提供了非常有益的帮助。

5. 根据时间规律对疾病早期防治

"不治已病,治未病",这是中医防治学思想。仲景根据时间规律和人体脏腑精气与功能特点,对此多有发挥。如《金匮要略》第一章《脏腑经络先后病脉证》谓:"夫治未病者,见肝之病,当先实脾,四季脾王不受邪,即勿补之。中工不晓相传,见肝之病,不解实脾,唯治肝也。"《素问·太阴阳明论》:"脾者土也,治中央,常以四时长四脏,各十八日寄治不得独立于时也。"即四季末月的后 18 天为脾土当旺之时,这就是脾脏的精气特点。如果肝脏有病,脾值其精气当旺之时,可以"勿补之";过了当旺之时,见肝之病,就当实脾。仲景把脾脏的精气节律和五行生克乘侮结合到一起,具体应用到肝病的临证实践。这对后人防治脏腑疾病传变,影响深远。

如《伤寒论》第 8 条:"太阳病……若欲作再经者,针足阳明,使经不传则愈。"这是预测太阳病传变趋势,并采取针对性早期防治方法。《伤寒论》第 54 条:"病人藏无他病,时发热,自汗出而不愈者……先其时发汗则愈。"其有截治法特点,值得借鉴与掌握。

又如《金匮要略》第四章《疟病脉证并治》曰:"病疟,以月一日发,当以十五日愈,设不差,当月尽解;如其不差……此结为微瘕,名曰疟母,急治之……"尤在泾的《金匮要略心典》对此解释说:"天气十五日一更,人之气也十五日一更,气更邪当解也,否则三十日,天人之气再更,而邪不能留矣。设再不愈……将成负固不服之势,故宜急治之,一日三服,可谓乘其气未集而击之也。"这也是"截治法"运用于早期防治的具体体现。

在治疗上,张仲景还提出"春宜吐,秋宜下,冬夏宜发汗";"寒饮患者春秋宜治之";白虎汤"立夏后乃可服","立秋后不可服";十枣汤"平旦服"等顺势施治和用寒远寒的治疗原则和方法。这充分体现张仲景十分重视对时间医学诸多方面的观察研究与总结,给后人以启迪与思索。历代医家循此旨意而研究,验证了张仲景之说的正确性,并在其启发下有所发挥与创见。如李东垣提出"夏不用青龙";罗天益总结出"违时"施治而致误病案;万密斋总结出"顺天"施治验案等以及李时珍的"四季用药例"等等。

九、悬壶济世　医德高尚

（一）尊生贵人

　　尊生即尊重人的生命和价值，贵人即天下万物以人为贵。这种尊重人的人格和权利的医学人道主义思想，早在《内经》中就已有体现，如云："天覆地载，万物悉备，莫贵于人。"张仲景继承和发展了这一思想，如他在《伤寒杂病论·原序》中说："赍百年之寿命，持至贵之重器……""趋世之士，驰竞浮华，不固根本，忘躯徇物，危若冰谷……"这些话既说明了人的生命是最宝贵的，也批评了那些轻视至贵的生命而去追求权势名利等身外之物的人。这种尊生贵人的观念，闪烁着朴素的医学人道主义光辉。

（二）救人济世

　　救人济世是我国古代优良医德的基本原则和核心。张仲景认为，作为一名医者要有热爱患者生命之心，学医目的要明确，态度要端正，要以救人济世为宗旨,而不是为谋私利,这就要求医者要"留神医药,精究方术",只有这样,才能"上以疗君亲之疾,下以救贫贱之厄,中以保身长全,以养其生"。如果救人济世的思想不端正,就不能热爱患者,就不能用精湛医术去为患者治病。

(三)不务名利

不务名利的内容包含有不贪财色和权势。一方面要求医者在为患者诊治时要全身心地投入,不能夹杂有贪人财色的念头;另一方面要不为名利所惑,不贪权势,专心医业,救人生命。张仲景曾任东汉长沙太守,世称"张长沙",可谓高官厚禄了。然而他并不为权势所惑,仍大堂行医,最终弃官从医,这一崇高的医德值得后世尊重。张仲景对当时的一些企盼权势,忙于为名利奔走的人非常厌恶,并进行毫不留情的揭露和抨击,如他在《伤寒杂病论·原序》中说:"怪当今居世之士……但竞逐荣势,企踵权豪,孜孜汲汲,唯名利是务,崇饰其末,忽弃其本,华其外而悴其内。皮之不存,毛将安附焉?"

(四)尊重同道

张仲景的另一高尚情操就是尊重同道。他虚怀若谷,对于比自己医术高强的人不是贬低打击以抬高自己,而是充分尊重他们的人格,并虚心学习他们的长处,逐渐使自己成为具有较高医疗水平的医生。他非常崇敬古代高水平的医生:"余每览越人入虢之诊,望齐侯之色,未尝不慨然叹其才秀也。"于是他"勤求古训,博采群方,撰用《素问》《九卷》《八十一难》《阴阳大论》《胎胪药录》,并平脉辨证",结合自己长期临证积累的医疗经验和教训,最终完成了不朽的医学巨著《伤寒杂病论》。他之所以能写出这样的巨著并被称为"医圣"而流芳百代,与他尊敬同道、虚心学习、取长补短的精神是分不开的。

（五）最大善果

最大善果是医学伦理原则中的优化原则之一，它是指在若干非负后果的医疗方案中，选择最大正值的医疗方案，在若干善果中求得最好的结果。在疾病的辨证论治过程中，辨证固然重要，而治疗方案的选择也非常关键。这是因为同病可异治，异病可同治；既可对因治疗，又可对症治疗；既可治全身，又可治局部；既可治标，又可治本；既可救治于有病之后，又可摄养于未病之先。这些治疗方案是不等价的，而且治病和致病也是辩证统一的，最佳的选择是在全面比较之后选择疗效优、疗程短、痛苦小、危险少、费用低的方案。如张仲景在《金匮要略》第一章《脏腑经络先后病脉证》云："夫治未病者，见肝之病，知肝传脾，当先实脾；四季脾王不受邪，即勿补之。中工不晓相传，见肝之病，不解实脾，唯治肝也。"说明仲景在对肝病的治疗问题上，认为最佳选择应是在治肝的同时，还要对肝病在病理上影响最直接的脾进行预防性治疗，以防疾病传变。同样，根据标本先后，对旧病与新病的治疗也有最佳选择，如云"夫病痼疾，加以卒病，当先治其卒病，后乃治其痼疾"。这为后世提供了治疗疾病的一般原则。

（六）整体优化

整体优化也是医学伦理学优化原则之一，是祖国医学一贯的思想基础，在医学模式由生物医学转向"生物—心理—社会"医学模式的今天，尤其显得重要。张仲景在《金匮要略》第一章《脏腑经络先后病脉证》中，有许多地方都体现了这一整体优化观。其一，从天人相应观出发，把患者放在自然环境中考虑。如张仲景说："夫人禀五常，因风气而生长。风气虽能生万物，亦能害万物。"又说："以未得甲子，天因温和，此为未至而至也，以得甲子，而天未温和，此为至而不至也。"这些均说明了人不能脱离大气而独立生存,人的生理、病理与天时气候有密切关系,因此诊治疾病必须考虑患者所处的自然环境。其二,人是一个有机的整体,即诊治疾病时要把患者作为一个有机整体来考虑。如前所述的"见肝之病,知肝传脾,当先实脾"的整体治疗方法,就是把人体内部脏腑之间的关系作为一个有机的整体来看待,告诫后人脏腑与脏腑之间是互相联系而又互相制约的,治疗上不能头痛医头,脚痛医脚,必须全面收集资料,巨细勿漏,整体诊治,才能求得最优效果。

(七)公开医方

古时的医学教育多是师徒相传,父子相传,并习惯于传男不传女。老师教徒弟不许向外泄漏一方一药,更有甚者教徒弟时都要留一法一方或一药不传。张仲景对这种"各承家技,始终顺旧"的教育方法非常反感,因为在客观上这种局面不利于医学的发展,于是他就勤求博采,著成了《伤寒杂病论》,并言"虽不能尽愈诸病,庶可以见病知源。若能寻余所集,思过半矣"。他把自己毕生的宝贵经验全部公布于众,让后人学习,这对普及医学教育具有巨大的推动作用。

总之,张仲景确实是一位对医学伦理学有突出贡献的医学家,他高尚的医德值得我们学习和继承。

参考文献

1. 司马迁:《史记》,中华书局,1982年版。
2. 班固:《汉书》,中华书局,1962年版。
3. 范晔:《后汉书》,中华书局,1965年版。
4. 周仲瑛、孟景春主编:《中医学概论》,人民卫生出版社,1958年版。
5. 任应秋主编:《中医名家学说》,上海科学技术出版社,1980年版。
6. 程士德主编:《内经讲义》,上海科学技术出版社,1984年版。
7. 李培生主编:《伤寒论讲义》,上海科学技术出版社,1985年版。
8. 吴林鹏主编:《伤寒论检索》,河南科学技术出版社,1990年版。
9. 唐明华、王新昌主编:《医圣张仲景与医圣祠文化》(上、下),华艺出版社,1994年版。
10. [清]高士宗著,于天星按:《黄帝素问直解》,科学技术文献出版社,1998年版。
11. 北京中医药大学伤寒教研室编:《白话长沙方歌括》,人民卫生出版社,1999年版。
12. 邱明印著:《医圣张仲景》,2003年版。
13. 张天敏著:《张仲景》(上、下),中国文联出版社,2003年版。
14. 刘力红著:《思考中医》,广西师范大学出版社,2003年版。
15. 张仲景著,柳术军编译:《精译伤寒杂病论》,中医古籍出版社,

2003年版。

16. 张庆军著:《张仲景医药文化》,华夏出版社,2003年版。

17. 朱冠军主编:《中华医圣·圣地之光》,中国文联出版社,2004年版。

18. 周祯祥等:《张仲景药物学》;郑全雄:《张仲景方方族》;吕志杰:《张仲景方剂学》;刘方洲等:《张仲景方剂现代临床应用》。中国医药科技出版社,2005年版。

后　　记

　　值此,《张仲景中医药文化研究》出版之际,我的心里非常激动,衷心地感谢我的母校河南大学对我的厚爱和关照!常言说,"一日为师,终生为父",我说,"一日受学,终身受益"。我的第一本书《汉唐行政管理》(1995年出版),责任编辑是我的恩师朱绍侯先生,使我晋升了副编审。我的第二本书是《南阳汉文化》(2002年出版),责任编辑是我的师弟陈广胜编审,使我晋升了编审。《张仲景中医药文化研究》是南阳师范学院汉文化研究中心策划的"汉文化研究丛书"之一,这是我1983年河南大学历史系毕业以后第一次有资助出书。责任编辑河南大学学报编辑部的段金卯先生和河南大学出版社的刘小敏编审提出了许多宝贵的意见。我在学术的道路上,受母校教诲,得到母校的提携和支持,终生难忘;得到南阳师院的支持和资助更是刻骨铭心。医圣张仲景是位伟大的医学家,尽管我竭尽全力,广泛搜罗资料,废寝忘食地写作;但是由于张仲景的资料较少,又没有专门研究张仲景的著作可资借鉴,我毕竟也不是医学家,因此书中一定有不少错讹之处,敬请读者批评指正!在编写过程中参考了大量医学专家研究张仲景的论著,恕不一一注明,特表衷心感谢!

刘太祥

2008年6月6日

于南阳市中心医院宿舍